TOUT TERRAIN

TEACHER'S RESOURCE FILE

TIM SWAIN AND CHRISTIANE SALVADOR

Acknowledgements: *La Mauvaise Réputation* et *Chanson pour l'Auvergnat* avec l'aimable autorisation de Universal. *Quand on n' a que l'Amour* avec l'aimable autorisation de Universal/MCA Music Publishing.

Orders: please contact Bookpoint Ltd, 130 Milton Park, Abingdon, Oxon OX14 4SB. Telephone: (44) 01235 827720. Fax: (44) 01235 400454. Lines are open from 9.00 – 6.00, Monday to Saturday, with a 24 hour message answering service. You can also order through our website at www.hoddereducation.co.uk

British Library Cataloguing in Publication Data
A catalogue record for this title is available from the British Library

ISBN-10: 0 340 84566 X
ISBN-13: 978 0 340 84566 0

First Published 2002
Impression number   10 9 8 7
Year   2007 2006

Copyright © 2002

Cover photo from **Corbis.**
Typeset by **Fakenham Photosetting Ltd.**
Printed in Great Britain for Hodder Murray, an imprint of Hodder Education, a member of the Hodder Headline Group, 338 Euston Road, London NW1 3BH by **Hobbs the Printers, Totton, Hampshire.**

Contents

Introduction

Welcome to the *Tout Terrain* Teacher's Resource File!

Tout Terrain has been put together while teaching the new AS and A2 specifications to Sixth Formers for the first time. It is designed both to meet the requirements of those new programmes of study (for all the major examination boards) and to foster the enjoyment of language learning for its own sake. The course offers a wide range of authentic and up-to-date materials, with activities which mirror the style of the AS and A2 exams. For an overview of *Tout Terrain's* coverage of language topics, see our mapping grids on the following pages.

The course is structured in two parts, charting a clear course from GCSE through to A2. The consolidation of GCSE structures, combined with the introduction of new points in context and a separate grammar section for easy reference, make it accessible and easy to use. Clear summaries of the topics and grammar at the beginning of each unit encourage students to monitor their own progress, and the www.toutterrain.co.uk boxes at the end of each section provide opportunities for them to undertake further research on the web and work independently.

We have aimed to make the structure and layout of the course as clear as possible. Each double page spread or *Thème* works as a separate entity, typically providing the basis for one or two lessons' work. In this way, it is easy for teachers to use the course *à la carte*, selecting materials which fit into their school's schemes of work. Equally, it would be possible to start at page one and work through systematically to the end!

The student's book uses a range of standard features with which you will quickly become familiar:

> **On s'échauffe**
> This exercise occurs at the beginning of every *Thème*. It encourages students to think through a given topic, relating it to their own experience, before they tackle any of the texts or exercises. It often lends itself to preparation in pairs or small groups, followed up by a class discussion.

> **Grammaire**
> These boxes offer more detailed information about grammatical structures that are found on the double page. Further examples are given. Throughout the book, you will also find Rappel Grammaire boxes for revision of certain important points.

> **On s'entraîne**
> These exercises provide an immediate opportunity to practise the grammar point that has just been explained. Further differentiated exercises for reinforcing grammar can be found in the photocopiable masters in this book.

> **Point Rencontre**
> Each unit contains a double page spread entitled *Point Rencontre*, offering a personal angle on the subject under discussion. Our intention is to underline to students that studying languages is not only a means to obtain an academic qualification. It also opens the way to more understanding, appreciation and interaction with our closest European neighbours and their culture.

> **Photo Finish**
> Each unit finishes with a visual stimulus and accompanying exercises that prompt students to check how much they have learned and absorbed. It also gives further opportunities to practise the skill of making an oral presentation or of participating in role-plays.

> **www.toutterrain.co.uk boxes**
> This feature, located on every Photo Finish page, lists useful website address, which means that each unit is open-ended. Students are directed to a wealth of further up-to-date resources for their

own interest, enjoyment and research. They can go to the dedicated Hodder & Stoughton www.toutterrain.co.uk website on which they will find links to the sites listed.

> ## Key Skills

These pages are a useful reference students can consult at any time, as they are located in the middle of the book. They feature advice and tips on all four skills, including coursework and translation. These 'top tips' are relevant to both AS and A2 parts of the course, so you might want to encourage the students to read them at an early stage.

The teacher's resource file has two main sections:

> ## Teacher's Notes

* ### Notes and Answers

Detailed notes cover every task in the student's book, as well as the assessments, complete with suggestions for how they might be exploited and, of course, the answers!

* ### Transcripts

The full tape transcripts are provided for each unit.

* ### Grammar Answers

Answers to the photocopiable masters from the Grammar and Skills Section below.

> ## Photocopy Masters

* ### Grammar and Skills

The first few photocopiable masters in this section help students to develop specific skills such as vocabulary learning, role-plays or essay writing.
The remaining PCMs give further opportunity for practising grammar points. They are differentiated in three *terrains: facile, moyen et difficile*. A full list of the points can be found in the contents.

* ### Vocabulary

For each unit there is a photocopiable page of key vocabulary, covering all the exam topics.

* ### Assessments

There are six sets of assessment papers, covering the full range of skills. This allows students to practise exam techniques at regular intervals throughout the course. Each Assessment covers the topics from two units of the Student's Book, lending themselves to use at the end of each half term. The speaking tests in the AS section are all role-plays. Separate cards for the examiner and the candidate give instructions on how they should be conducted. (The Photo Finish pages of the Student's Book give ample opportunity for students to practise making a response to a visual stimulus, or making a presentation.) The speaking tests in the A2 section give practice in summarising both French and English articles and in interpreting.

The separate **Tout Terrain OCR, EdExcel** and **AQA Assessment Packs** provide exam practice material completely in line with the requirements of each exam board, and are recommended to familiarise students with all the particularities of the syllabus their school is using. They feature a range of assessment tests mirroring those in the AS and A2 exams based on the topics and language covered as students progress through the Tout Terrain course.

We have benefited enormously from the contributions and comments of two lively groups of Sixth Formers while writing this course. We hope that you and your students will enjoy using it as much as we have enjoyed putting it together!

Tim Swain   Christiane Salvador

AQA topic areas for AS

AS Modules	Topics	Coverage in *Tout Terrain* (relevant Thèmes, page references for students' book)
Module 1 Listening, reading, writing **YOUNG PEOPLE TODAY**	The family and relationships	**Unit 1** – Une famille typiquement française, p2; Qu'est-ce que c'est, donc, la famille?, p4; Les liens d'amitié, p6; Point Rencontre, p8; Disputes, p10; Entre voisins, p16; Révolution ou évolution: La famille a-t-elle un avenir? p18
	Rights and responsibilities	**Unit 1** – Jeunes: Droits et responsabilités, p12; La famille lointaine, p14; **Unit 2** – Loisirs: L'emploi du temps, p36 **Unit 6** – Les jeunes, p116
	Leisure	**Unit 2** – Loisirs: Détente ou défi?, p22; La lecture, p24; Balade en montagne, p26; Le football, p28; La musique: Une sortie réussie, p30; Cinéma: Rêve et réalité, p32; Point Rencontre, p34; Nouvelles tendances, p38
	Healthy Living	**Unit 4** – Le hamburger: Roi de la cuisine française, p66; Conversation avec José Bové, p68; La vache folle, p70; Les OGM, p72; Point Rencontre, p74; Des idées reçues au banc d'essai, p76; Manger bien sans manger triste, p78 **Unit 9** – La cigarette meurtrière, p172; L'alcool: Sachez consommer avec modération, p174; Les dupes de la dope, p176
	Education	**Unit 3** – L'école: Deux points de vue, p42; L'orientation, p44; Point Rencontre, p46; La triche et la toile, p48; La violence à l'école, p50
	Jobs and careers	**Unit 3** – La formation continue, p52; Images du travail, p54; Le stress, p56; Au boulot, p58 **Unit 6** – Point Rencontre, p114
Module 2 Writing **ASPECTS OF SOCIETY**	Mass media	**Unit 2** – La lecture, p24 **Unit 6** – Les ordinateurs, p108; L'Internet, p110; Point Rencontre, p114
	Pollution, conservation and environment	**Unit 5** – La voiture en ville, p94; Deux roues, p96 **Unit 7** – Effet de serre, p130; Pollution de la terre, p132; Les déchets, p134; Pollution de la mer, p136; Pollution de l'air, p138; Point Rencontre, p140; Les maladies, p142; Les Verts, p144; Alternatives, p146
	Immigration and multiculturalism	**Unit 1** – Une famille typiquement française, p2; Point Rencontre, p8 **Unit 2** – Le football, p28 **Unit 6** – Après l'an 2000, p102; Images de la France, p104 **Unit 10** – Apartheid à la française, p196; Un bon accueil pour l'étranger, p198
	France and Europe	**Unit 6** – Images de la France, p104; 2002: L'heure de l'euro, p106 **Unit 11** – L'union divisée, p212
	The French speaking world	**Unit 6** – Images de la France, p104 **Unit 10** – Point rencontre, p202
Module 3 Speaking **PEOPLE AND SOCIETY**	Based on topics listed under *Young People Today* and *Aspects of Society*	See above

AQA topic areas for A2

A2 Module	Topics	Coverage in *Tout Terrain* (relevant Thèmes, page references for students' book)
Module 4 Listening, reading, writing **CONTEMPORARY ISSUES**	The State and the individual	**Unit 11** – La girouette politique française, p210; Une crise de foi? p216; Les sectes, p218; Être un individu, p220; Renaud: Un rebelle de la chanson, p226 **Unit 12** – Le future est-il féminin? p238; Où est passé Monsieur Macho? p240
	Distribution of wealth	**Unit 8** – entire unit **Unit 12** – La croissance économique: Finis les beaux jours? p234; Au milieu de la misère, p236
	Health issues	**Unit 9** – entire unit **Unit 12** – Un clone humain: C'est pour demain? p242
	Transport issues	**Unit 5** – La route meurtrière, p92; Deux roues, p96; Le TGV, p98 **Unit 12** – Point Rencontre, p244
	Science and technology	**Unit 6** – Les ordinateurs, p108; L'Internet, p110 **Unit 7** – Alternatives, p146 **Unit 12** – Point Rencontre, p244; Un clone humain: C'est pour demain? p242
	Racism	**Unit 10** – entire unit **Unit 12** – De nouveaux horizons? p232
	Crime and punishment	**Unit 10** – Racisme à l'ivoirienne, p204 **Unit 11** – Être un individu, p220; La délinquance, p222; Point Rencontre, p224
	Future of Europe	**Unit 11** – L'union divisée, p212; À l'instar du parlement européen, p214 **Unit 12** – Le travail: Trop ou pas assez? p230
	Global issues	**Unit 7** – entire unit **Unit 12** – Le travail: Trop ou pas assez? p230; La croissance économique: Finis les beaux jours? p234; Au milieu de la misère, p236; Un clone humain: C'est pour demain? p242; Vers l'avenir, p246

EDEXCEL topic areas for AS

General topic areas for AS (all skills)	Topics	Coverage in *Tout Terrain* (relevant Thèmes, page references for students' book)
Area 1 **DAY TO DAY MATTERS**	Food, diet, health	**Unit 4** – Les Français et les repas, p62; Mon repas préféré, p64; Le hamburger: Roi de la cuisine française, p66; La vache folle, p70; Les OGM, p72; Des idées reçues au banc d'essai, p76; Manger bien sans manger triste, p78
	Transport, travel and tourism	**Unit 5** – La route meurtrière, p92; La voiture en ville, p94; Deux roues, p96; Le TGV, p98; Point Rencontre, p90; Dossier Vacances, p82; Allons à la plage, p84; Les parcs de loisirs, p86; Pourquoi partir, p88
	Relationships	**Unit 1** – Les liens d'amitié, p6; Disputes, p10; La famille lointaine, p14 **Unit 6** – Le féminisme, p118
Area 2 **SOCIETY**	Family, the generations	**Unit 1** – Une famille typiquement française, p2; Révolution ou évolution: La famille a-t-elle un avenir? p18
	Youth concerns	**Unit 1** – Jeunes: Droits et responsabilités, p12 **Unit 6** – La mode, p112; Les jeunes, p116
	Social issues	**Unit 1** – Révolution ou évolution: La famille a-t-elle un avenir? p18 **Unit 2** – Nouvelles tendances, p38 **Unit 3** – Le stress, p56 **Unit 6** – Après l'an 2000, p102; Le féminisme, p118
	Law, justice	**Unit 3** – La violence à l'école, p50 **Unit 11** – La délinquance, p222; Point Rencontre, p224
	Leisure	**Unit 2** – entire unit
	The arts	**Unit 2** – La musique: Une sortie réussie, p30; Cinéma: Rêve et réalité, p32 **Unit 6** – La mode, p112
Area 3 **THE WORKING WORLD**	Education	**Unit 3** – L'école: Deux points de vue, p42; L'orientation, p44; Point Rencontre, p46; La violence à l'école, p50
	Training	**Unit 3** – La triche et la toile, p48; La formation continue, p52
	Employment	**Unit 3** – Images du travail, p54; Le stress, p56; Au boulot, p58
	Business, industry	**Unit 4** – Point Rencontre, p74 **Unit 6** – Point Rencontre, p114
	Information technology	**Unit 6** – Les ordinateurs, p108; L'Internet, p110

EDEXCEL topic areas for A2

General topic areas for A2 (all skills)	Topics	Coverage in *Tout Terrain* (relevant Thèmes, page references for students' book)
Area 4 **THE ENVIRONMENT AND CITIZENSHIP**	Energy, pollution and the environment	**Unit 7** – entire unit
	Politics and citizenship	**Unit 8** – La pauvreté en France, p156; Point Rencontre, p158; Les associations bénévoles, p160 **Unit 10** – Un bon accueil pour l'étranger? p198; Point Rencontre, p202 **Unit 11** – La girouette politique française, p210 **Unit 12** – La croissance économique: Finis les beaux jours? p234; Vers l'avenir, p246
	Campaigning organisations and charities	**Unit 7** – Les Verts, p144 **Unit 8** – Le commerce équitable, p154; Les associations bénévoles, p160 **Unit 9** – Les médicaments: Un pas dans le bon sens, p184 **Unit 12** – De nouveaux horizons? p232; Au milieu de la misère, p236
Area 5 **THE INTERNATIONAL CONTEXT**	Customs, traditions, beliefs, religions	**Unit 8** – L'exode rural, p164 **Unit 9** – Point Rencontre, p178; Droit à la vie, droit à la mort, p186 **Unit 11** – Une crise de foi? p216; Les sectes, p218; Être un individu, p220 **Unit 12** – Le futur est-il féminin? p238; Où est passé Monsieur Macho? p240; Vers l'avenir, p246
	The European Union	**Unit 11** – L'union divisée, p212; A l'instar du parlement européen, p214 **Unit 12** – Le travail: Trop ou pas assez? p230
	World-wide problems	**Unit 8** – Exploitation, p152; Les sans travail, p162 **Unit 9** – Le sida, p180; Le sang contaminé, p182 **Unit 10** – entire unit **Unit 12** – Au milieu de la misère, p236; Un clone humain: C'est pour demain, p242; Point Rencontre, p244; Vers l'avenir, p246

OCR topic areas for AS

AS Units	Topics	Coverage in *Tout Terrain* (relevant Thèmes, page reference for students' book)
Units 1–4	Media	**Unit 2** – La lecture, p24 **Unit 3** – La triche et la toile, p48 **Unit 6** – L'Internet, p110; Point Rencontre, p114
	Advertising	**Unit 6** – Point Rencontre, p114 **All Units** – advertisements for analysis
	The arts	**Unit 2** – La musique: Une sortie réussie, p30; Cinéma: Rêve et réalité, p32 **Unit 6** – La mode, p112
	Daily life	**Unit 1** – Disputes, p10; Révolution ou évolution: La famille a-t-elle un avenir? p18 **Unit 2** – Loisirs: L'emploi du temps, p36 **Unit 3** – Point Rencontre, p46; La formation continue, p52 **Unit 6** – L'Internet, p110
	Food and Drink	**Unit 4** – entire unit
	Sport and Pastimes	**Unit 2** – entire unit
	Travel, transport and holidays	**Unit 5** – entire unit
	Human interest news items	**All units** – Point Rencontre **Unit 2** – Cinéma: Rêve et réalité, p32 **Unit 4** – Conversation avec José Bové, p68
Unit 3, section 2	World of work	**Unit 3** – La formation continue, p52; Images du travail, p54; Le stress, p56; Au boulot, p58 **Unit 6** – Le féminisme, p118

OCR topic areas for A2

A2 Units	Topics	Coverage in *Tout Terrain* (relevant Thèmes, page references for students' book)
Units 4–5	Social issues	**Unit 8** – entire unit **Unit 9** – La cigarette meurtrière, p172; L'alcool: Sachez consommer avec modération, p174; Les dupes de la dope, p176; Le sida, p180; Les médicaments: Un pas dans le bon sens? p184; **Unit 10** – Le racisme: Un mal, des mots, p190; Apartheid à la française, p196; L'Antisémitisme, p206 **Unit 12** – Le travail: Trop ou pas assez? p230; Le futur est-il féminin? p238; Où est passé Monsieur Macho? p240
	The environment	**Unit 7** – entire unit
	Education	**Unit 3** – La triche et la toile, p48; La violence à l'école, p50; La formation continue, p52 **Unit 10** – Discrimination à l'école et au travail, p192
	Law and order	**Unit 11** – La délinquance, p222; Point Rencontre, p224; Renaud: Un rebelle de la chanson, p226
	Politics	**Unit 10** – Les hauts et les bas du Front National, p194 **Unit 11** – La girouette politique française, p210; L'union divisée, p212; A l'instar du parlement européen, p214 **Unit 12** – La croissance économique: Finis les beaux jours? p234; Au milieu de la misère, p236
	Technological and scientific advances	**Unit 7** – Alternatives, p146 **Unit 9** – Point Rencontre, p178; Droit à la vie, droit à la mort, p186 **Unit 12** – Un clone humain: C'est pour demain? p242; Point Rencontre, p244
	Human interest news items	**All units** – Point Rencontre

Section 1: Teacher's Notes

Introduction

Introduction: Tâtons le Terrain

The material and exercises on these two pages are intended as an ice-breaker at the beginning of the course and as an introduction to some of the regular features of the book.

1 Activité de lecture

Students read the text.

2 Exercice de vocabulaire

SUGGESTED ANSWERS:

1. Vous (le) trouverez utile.
2. Vous allez aborder
3. Une matière vivante
4. Voir le monde d'un autre œil
5. Dès le départ
6. Votre classeur
7. Exprimez vos idées!

3 Exercice de compréhension

1. On étudie une grande variété de thèmes différents.
2. La grammaire demande de la rigueur: on doit apprendre des structures plus sophistiquées.
3. La capacité de parler une langue étrangère est un atout important aujourd'hui.
4. Il faut être organisé et prêt à participer.
5. Il y a tellement de terrain à explorer.

4 Travail d'écoute

a. A Émilie; B Karim; C Laurent; D Alain; E Anne-Laure
b. 1PM; 2V; 3F; 4F; 5PM

5 On s'entraîne

1. Tes/vos notes
2. Leur décision
3. À mon avis
4. Nos projets pour l'avenir
5. Son attitude

Unit 1: Une famille européenne

Thème A: Une famille typiquement française?

1 Travail oral: Arbre généalogique

There are, of course, no correct answers for this exercise, which is designed to get students talking and expressing different opinions. Encourage exchanges which express disagreement.

Just for the record:

Camille a 71 ans; c'est la mère de Véro; elle est d'origine juive; elle est à la retraite, mais avant, elle tenait un delicatessen; elle est ouverte, hospitalière et très bonne cuisinière.

Sylvain a 35 ans; c'est le fils de Dominique et le mari de Véro; il est d'origine italienne; il est ingénieur; il est très curieux et s'intéresse à tout.

Véro a 34 ans; c'est la fille de Camille et la femme de Sylvain; elle est d'origine juive; elle est informaticienne; elle s'intéresse aux gens.

Dominique a 63 ans; c'est le père de Sylvain; il est d'origine italienne; il est agriculteur; il est très sociable.

2 Exercice d'écoute: On se présente

ANSWERS

Dominique: 1b; 2b; 3c; 4a; 5a
Camille: 1b; 2a; 3c

Sylvain

a. Au village natal de son grand-père paternel.
b. Pour faire des recherches sur son arbre généalogique.
c. Dans les cimetières; parmi les habitants.
d. Des prêtres.
e. Il habite près de la plupart de sa famille.

Véro

a. Sa famille est juive. Elle s'est dispersée à cause de la persécution.
b. Ils étaient en France au moment des événements de Suez et ne pouvaient pas rentrer chez eux en Égypte.
c. Paris et Milan.

3 Travail écrit: Présentez votre famille

Encourage students to incorporate ideas and vocabulary from the earlier speaking and listening exercises.

1

Thème B: Qu'est-ce que c'est, donc, la famille?

1 Activité de lecture: Mon ami d'enfance

Students have to match the numbered pictures and captions with a descriptive phrase (letters a–l)
ANSWERS
1F; 2E; 3D; 4H; 5C; 6A; 7J; 8G; 9B; 10K; 11I; 12L.

2 Exercice d'écoute

Friendship is …
1. A good football match on a Saturday afternoon.
2. A drink after school and an opportunity to talk.
3. Sharing and supporting in all circumstances.
4. A vague word which signifies little whenever there's a problem.
5. A love which is not bound by laws or constraints.

3 Exercice de lecture et travail oral

The text lends itself to oral questions and answers about Sophie. Students then have the confidence to speak briefly about their own friendships.

4 On s'entraîne

A grammar revision exercise on personal pronouns.
SUGGESTED ANSWERS
1. Je leur ai téléphoné hier.
2. Je ne les comprends pas du tout.
3. Merci de votre carte pour les enfants. Je la leur ai donnée ce matin.
4. Nous les voyons pendant les vacances.
5. Je leur donne dix livres par semaine.

Thème C: Les liens d'amitié

1 Activité de lecture

Students have to find a phrase in the text to justify the numbered statements.
ANSWERS
1. 'Les conversations sont passionnantes.'
2. '… des lunettes … un peu démodée, … un sweat classique.'
3. 'La question du "tu" et du "vous" n'est pas encore résolue.'
4. 'Je dois aller y voir un élève qui y fait son stage.'

5. 'À part la Coupe du Monde, je n'en ai vu aucun.'
6. '… le problème de la calvitie.'
7. '… tout en faisant semblant de travailler.'

2 Travail écrit: Un défi

This exercise provides a good opportunity to remind students of the need to learn irregular verbs. Refer them to the verb tables at the back of the book. The irregular verbs in the passage are (in order) *falloir; vivre; tenir; être; résoudre; avoir; devoir; voir; faire; sortir; pouvoir; paraître; comprendre; savoir; dire.*

3 On s'entraîne

A grammar revision exercise on the present tense.
SUGGESTED ANSWERS
1. Qu'est-ce qui se passe alors?
2. Qu'est-ce qui se passe?
3. Est-ce que vous y allez en semaine ou le week-end?
4. J'y vais vendredi.
5. Nous sommes en train de regarder un match de foot.

4 Travail oral

This task can be usefully prepared by a group brainstorming session to find the advantages of each means of communication.

Thème D: Point Rencontre

1 Activité de lecture

This is a longer text and includes some more unusual vocabulary and idiomatic expressions. It presents a useful opportunity to refer students to the Skills section of the book and, in particular, to the advice on reading.

2 Travail écrit

Students are invited to list the factors which contributed to the success of the wedding.
Answers might include:
C'était un mariage décontracté.
Il faisait beau et chaud.
Le Maire était sympa et affectueux; il a fait un bon discours.
L'apéritif était généreux.
Il y avait des spectacles pendant le repas.
Les invités pouvaient se baigner, etc …

3 Travail écrit: Compréhension

SUGGESTED ANSWERS

1. Parce qu'il y avait, dans la famille, des gens de convictions très différentes.
2. Au contraire, il a été très accueillant et a fait un discours affectueux.
3. Il y voyait la construction de la vraie Europe.
4. Le repas était découpé par des chants et des spectacles.
5. Cela a continué jusqu'à cinq ou six heures du matin.

4 On s'entraîne

A grammar revision exercise, focusing on reflexive verbs.

SUGGESTED ANSWERS

1. Pendant la semaine, ils se lèvent à 6h30.
2. Elle s'est mise en route pour la Mairie.
3. Le sœurs se sont rassemblées pour une photo.
4. Ils se sont organisés bien à l'avance.
5. Ils se sont assis à l'ombre.

5 Travail oral

It may be useful for students to prepare this exercise in pairs.

Thème E: Disputes

1 Exercice d'écoute: Le Retour au Pays

(a) Transcription
See transcript (p56).

(b) Résumé

> He goes into a crêperie
> He can't eat the crêpes.
> Someone predicted that he would end his days on the scaffold.
> He hasn't dared do anything.
> His sister works at Vaugérard; his brother died in the war.
> He greets his uncle and then breaks his neck.
> He finishes on the scaffold, but first he enjoys two dozen pancakes and a cigarette.

2 On s'entraîne

A grammar revision exercise, focusing on negative constructions.

SUGGESTED ANSWERS

1. Tu ne m'as jamais invité chez toi.
2. Tu ne m'as rien appris.
3. Personne ne me comprend.
4. Je n'ai ni amis, ni famille.
5. Je n'ai plus envie de fumer.

3 Travail écrit: Une attitude négative

A gap-fill exercise using different negatives.

SUGGESTED ANSWERS

1. aucune
2. jamais
3. qu'
4. guère
5. rien

4 Travail oral

Students can usefully work in pairs to prepare this presentation. (Refer them to the Skills Section of the book and to advice there on speaking in response to a visual stimulus.)

Thème F: Jeunes: Droits et responsabilités

1 Activité de lecture et travail écrit

SUGGESTED ANSWERS

1. Deux tiers des Français considèrent qu'il faut toujours aider ses enfants.
2. Ils doivent soutenir leurs enfants jusqu'à la fin de leurs études.
3. C'est un exemple qui sort des normes; en plus, les études de chinois semblent longues.
4. L'état encourage les études universitaires en distribuant des bourses généreuses à ceux qui en ont besoin.
5. Parce qu'ils trouvent souvent un travail à côté pour financer une partie de leurs études.
6. Plus tard, les parents peuvent exiger une pension alimentaire.

2 Travail oral

Students can prepare this exercise in pairs. Advice on speaking about a visual stimulus is given in the Skills Section of this book.

3 On s'entraîne

A grammar revision exercise focusing on the future.

SUGGESTED ANSWERS

1. L'année prochaine je vais étudier le chinois.
2. Quand j'aurai 27 ans, je trouverai du travail – pas avant!
3. Je ne pourrai pas aller à la fac: c'est trop cher!
4. Mes parents paieront un appartement en ville.
5. Ce ne sera pas trop cher.

4 Travail oral

This is another exercise on the future, but allows students more freedom to express themselves. Encourage them to use a wide variety of verbs and try to elicit responses which practise irregulars!

Thème G: La famille lointaine

1 Travail oral

The suggested oral questions are a useful way to prepare for the written exercise. Verbs of suggestion (*suggérer, laisser entendre, impliquer*) are useful.

2 Travail écrit

Encourage students to think about the purpose for which they are writing. Remind them that they are aiming to produce advertising copy.

3 On s'entraîne

This exercise is designed to practise the use of the conditional. Draw students' attention to the sequence of tenses: *si* + imperfect, conditional in the main clause.

Thème H: Entre voisins

1 Activité de lecture et travail écrit

SUGGESTED ANSWERS

1. Ils ont décidé de participer à la journée nationale des repas de quartier.
2. Chacun a amené quelque chose.
3. Parce qu'on a toujours plus faim quand on mange à l'extérieur.
4. Elle ne connaissait personne parce qu'elle venait d'emménager dans la rue.
5. Parce qu'ils étaient voisins depuis des années!
6. Le repas était un grand succès dans la mesure où tout le monde avait envie de recommencer.

2 On s'entraîne: Journaliste

The first section practises the use of *depuis* and *venir de* + inf. The second part of the exercise is an opportunity to practise asking questions. Encourage students to use a variety of different question forms.

SUGGESTED ANSWERS

1. Depuis combien de temps habitez-vous la rue Cdt Blanché?
2. Est-il vrai que vous venez d'emménager dans le quartier?
3. Vous connaissez-vous depuis longtemps?
4. Depuis combien de temps faites-vous cuire ces merguez?
5. Est-il vrai que vous venez de faire connaissance?

3 Travail oral: L'An 2000

Prepare this work by splitting the class into small groups to think of the advantages of the Millennium Dome or of a National picnic. After the plenary feedback of this stage, invite individual students to make a presentation about one or the other.

Thème I: Révolution ou évolution: La famille a-t-elle un avenir?

1 Activité de lecture et travail écrit

SUGGESTED ANSWERS

1. Le modèle traditionnel de la famille a changé parce qu'il y a moins de mariages et le nombre de divorces a doublé depuis 1975.
2. Parce qu'ils ne vivent pas forcément dans la même région.
3. On apprend l'amour, la tendresse et la solidarité entre les générations.
4. Autrefois, c'était souvent l'église qui donnait les points de repères.
5. C'est un nid douillet pour certains dans la mesure où elle protège les jeunes des réalités de la vie.

2 Exercice de compréhension

ANSWERS

1F; 2F; 3V; 4F; 5V

3 Exercice d'écoute

ANSWERS

This exercise reinforces vocabulary from the text.
1. Un couple biactif; **2.** Le divorce;

3. La décohabitation; 4. Un point de repère;
5. L'union libre; 6. La solidarité;
7. Une famille monoparentale; 8. Un nid douillet;
9. La mutation; 10. Le célibat.

4 Travail oral

Encourage students to use the concepts and vocabulary from the text in their presentation.

They can also try to evaluate the effectiveness of the advert.

Unit 2: Au repos

Thème A: Loisirs: Détente ou défi?

1 Exercice d'écoute

ANSWERS

(a) Lucie et compagnie
a. M; b. L; c. N; d. L; e. L; f. M

(b) Claude et sa fanfare
1V; 2F; 3F; 4PM; 5V; 6F; 7V; 8F; 9PM; 10F

2 Travail oral

The rubric suggests that this exercise should be done orally. It works well if students prepare answers in pairs before class discussion. It does, of course, lend itself to written answers too.

3 On s'entraîne

A grammar revision exercise which focuses on adjective agreement.

ANSWERS

1a bruns; 1b raides
2c vieille; 2d blancs; 2e bouclés
3f nouvel
4g belles
5h bon; 5i professionnelles

Thème B: La lecture

1 Activité de lecture et travail écrit

SUGGESTED ANSWERS

1. Les jeunes ont de plus en plus de difficultés à lire.
2. C'est la longueur des livres.
3. On s'est habitué aux formats courts. On a tendance maintenant à favoriser l'image.
4. C'est une satisfaction qui ne demande pas d'effort. On veut tout comprendre sans faire travailler l'imagination.
5. Les parents peuvent exercer une mauvaise influence sans le vouloir. Plus ils encouragent leurs enfants à lire, moins les enfants ont envie de le faire.
6. Certains éditeurs ont essayé de faire face aux nouvelles tendances. Ils proposent des livres plus courts.
7. La littérature rapide plaît à ceux qui sont pressés. Les livres ne sont pas chers.

2 Travail écrit

A grammar revision exercise which focuses on verb forms.

ANSWERS

1. lisent; **2.** favorisent; **3.** sont attirés; **4.** ne semblent pas aider; **5.** forcent; **6.** aboutissent; **7.** prennent; **8.** produisent.

3 On s'entraîne

This assignment has two aims: to practise the use of *il faut* and to develop the skill of giving a presentation. It is useful to discuss ideas first in class, but then sufficient time must be given – particularly if students are to be encouraged to use Powerpoint to make their presentation.

4 Travail d'écoute

On average there are 164 books per household in France. In 1 in 4 households, there are more than 200 books.   91 % livres

The professional classes have three times more books than farmers and the working classes.

There are more books in Paris (376 per household) than in the provinces.

The most popular books (with % of households): dictionaries (76%); cookery books (68%); novels, history books, comic-strip books and encyclopedias (50%); classical literature (43%); poetry (28%).

5 Travail oral

This exercise gives structured practice in making an oral presentation from a visual stimulus. For extension work, it can be set as a written exercise.

Thème C: Balade en montagne

1 Exercice d'écoute

He is studying engineering.
He thinks the mountains are fantastic. He describes them as magnificent, vast, supernaturally beautiful, calm, pure ...

It helps him to eliminate all the stress of his studies.

They exchange ideas about different walks and routes through the mountains.

He likes cross-country skiing. There are too many people on the downhill slopes. When he is

skiing, he likes to have time to appreciate the scenery.

He plays squash. It's less interesting because it's indoors, but it's a way to relax and to keep fit.

2 Activité de lecture

There's some specialist vocabulary here. Refer students to notes in the Skills Section on tackling unseen texts in an exam.

3 On s'entraîne

This grammar revision exercise focuses on the perfect tense.

ANSWERS

Nous nous sommes mis en route
Nous avons mis plus de temps
Nous avons remonté la vallée
Nous avons débouché
Nous avons bu
Il nous a fallu
Nous sommes partis
Nous en avons eu pour
Nous sommes redescendus
Nous sommes revenus
Nous étions entourés
Nous avons commencé
Nous ne nous sommes pas pressés
Nous nous sommes dépêchés
Nous avons fait aussi vite que possible

4 Travail écrit

Encourage students to use the text of Romain's diary as a model for their answers.

Thème D: Le football

1 Activité de lecture et travail écrit

SUGGESTED ANSWERS

1. Plus de deux millions de personnes sont licenciées à un club de foot. La télé consacre énormément de temps au sport.
2. La victoire dans la Coupe du Monde a déclenché toute une gamme de sentiments différents. Cela a permis aux Français de réaliser leur rêve de fraternité.
3. Les gosses de banlieue chantaient 'la Marseillaise'. C'était surprenant parce que souvent ces mêmes gosses se sentent exclus de la société française.
4. Il s'est comporté comme tous les autres

spectateurs. Dans un sens, c'était inattendu de la part d'un Président de la République; d'autre part, c'était tout à fait normal.

5. La Coupe du Monde a changé l'avis des femmes sur le football: elles sont devenues des inconditionnelles du ballon rond.

6. Zidane était le grand favori de tout le monde.

2 On s'entraîne

A grammar revision exercise focusing on the comparative and superlative.

ANSWERS

1. **a.** Vieira; **b.** Henry; **c.** Barthez (oui: il était gardien de but); **d.** Henry; **e.** Zidane

2. **a.** Zidane; Barthez; Vieira; Henry. **b.** Barthez; Zidane. **c.** Henry; Zidane; Vieira; Barthez. **d.** Vieira; Henry; Zidane

Thème E: La musique: Une sortie réussie

1 Activité de lecture et exercice de compréhension

SUGGESTED ANSWERS

1. Il s'agit d'une sortie à un concert.

2. Il est sans doute espagnol.

3. C'est un homme engagé. Il sait être sérieux, mais il a aussi gardé le sens de l'humour.

4. Il est au courant des événements dans la société actuelle, mais il y a certaines choses qu'il ne comprend plus.

5. Sylvain a été très touché et ému par le concert.

2 Travail écrit

Encourage students to stick closely to the suggested structure.

3 Travail oral

This role-play requires a proper understanding of the text and its implications. Students should include questions to Ibanez which explore his nationality, his beliefs, his age, his future plans...

4 Exercice d'écoute

ANSWERS

1 Aïcha: une déception; 2 Sandrine: une grande réussite; 3 Manu: une nouvelle expérience; 4 Franck: un désastre; 5 Mathilde: une obligation

5 Activité de lecture

This short reading passage focuses on the partitive article and serves as a model for the following *on s'entraîne*.

6 On s'entraîne

Encourage students to use all the different forms of the partitive article (including the special uses of *de*).

Thème F: Cinéma: Rêve et réalité

1 Exercice d'écoute

ANSWERS

(a) This section revises verb forms: *a. surnomment; b. veulent; préfèrent aller; c. contiennent; provoquent; d. font envie; e. n'attirent pas; choisit.*

(b)

a. Elle aime les livres, le théâtre et la musique classique.

b. Non. Ses copains préfèrent la discothèque et le sport.

c. La philosophie et le français.

d. Elle aime les livres qui contiennent de nouvelles idées, qui font réfléchir.

e. Ce sont de petites histoires romantiques.

f. Elle n'aime pas l'ambiance.

g. Elle aime sortir au théâtre ou au cinéma.

h. Elle dit que le film est différent du livre.

i. Elle rêve de travailler dans le monde du théâtre ou dans les films.

j. Elle va préparer un bon bac d'abord.

2 Travail écrit

Encourage students to use the conditional (*tu devrais*) and *il faut* + inf.

3 Travail oral

This gives another opportunity to practise making a presentation from a visual stimulus. Encourage students to string together their answers to individual questions to make a coherent whole. They should aim to become less dependent on written notes as they speak.

4 Activité de lecture et travail écrit

SUGGESTED ANSWERS

1. Elle trouve bizarre le système de 'previews'.

2. Elle voulait prendre du recul par rapport à la France.

3. On a mal reçu ses derniers films en France; cela lui a fait de la peine.
4. Elle apprécie Haneke parce qu'il comprend le développement d'un personnage et il considère que chaque geste est important. Elle aime le fait qu'il soit exigeant tout en étant plein d'humour.
5. Binoche suggère que le travail d'une vedette est loin d'être facile.

Thème G: Point Rencontre

1 Activité de lecture et travail écrit

ANSWERS

(a) 1. casse-cou; 2. basculer; 3. d'ivresse; 4. de maturité; 5. compacte

(b) 1. Il aimait la vitesse et l'esprit de compétition. Parfois il se faisait peur.
2. Actuellement, il préfère les grands espaces et la liberté.

2 On s'entraîne

A grammar revision exercise focusing on the imperfect.

ANSWERS

1. étais; avais 2. volait; a eu 3. ai conseillé; se montraient 4. a décidé; faisait 5. a fait; avait

3 Travail oral

This exercise lends itself to preparation in small groups. One person from each group should report back on their findings.

Thème H: Loisirs: L'emploi du temps

1 Travail de recherche

Remember to set this assignement before the lesson!

2 Activité de lecture

It may be useful to draw students' attention to the different parts of speech used in their answers to the *on s'échauffe* section and in the table. For example: *J'ai lu → la lecture* etc.

3 Exercice de compréhension

ANSWERS

1F; 2F; 3F; 4.V; 5.V

4 Travail oral

This assignment needs to be set in advance of the lesson.

5 Exercice de vocabulaire

Remind students of different ways of learning vocabulary.

6 Travail écrit

The individual questions suggested in the outlined structure should be considered by small groups of students (one question per group). Feedback to the whole class is then a useful preparation for writing the essay.

Thème I: Nouvelles tendances

1 Activité de lecture

Some of the ideas in this text may be unfamiliar. A careful reading (with close translation of key phrases) is recommended.

2 Travail écrit

SUGGESTED ANSWERS

1. Ce n'est pas le cas. En général, on travaille moins.
2. Au contraire, avec deux salaires disponibles, le budget pour les loisirs est plus important que jamais.
3. Certains font attention à leurs dépenses; mais d'autres dépensent de l'argent sans réfléchir.
4. Je dirais l'inverse: les gens ont envie d'en profiter dès à présent.
5. Malheureusement, ce n'est pas le cas. Certains ne peuvent pas se payer ces luxes.

3 On s'entraîne

This grammar revision exercise focuses on relative pronouns.

SUGGESTED ANSWERS

1. Les vacances dont nous avons parlé.
2. Le travail que j'ai commencé la semaine dernière.
3. La femme qui m'a interviewé.
4. Le vélo que j'ai acheté la semaine dernière.
5. Le garçon dont la sœur parle italien.
6. L'idée qui m'intéresse le plus.

4 Travail oral

Remind students of vocabulary and constructions for offering explanations.

Assessment Answers: Units 1 & 2

Part A

1a Anne; Thomas; Édouard; Édouard; Anne; Léa; Léa; Thomas

1b 1. représente; 2. sait; 3. partage tout avec; 4. s'entend

2 Tennis: Édouard et Léa; Football: Édouard; Repos: Thomas et Anne; Maquettes: Anne; Télé: Thomas

Part B

1

1. Elle pensait qu'elle était trop jeune.
2. Il est resté avec une famille provisoire pendant sept mois.
3. Ils ne pouvaient pas avoir d'enfants.
4. Ils n'ont rien caché.
5. Ce qui compte, c'est l'amour et le sentiment de responsabilité.

2a

> He wears a red superhero's suit. It allows him to take on a different character.
> It's a sort of mask to hide his shyness.
> He gets on well with his father: they are more like brothers.
> Vanessa Paradis heard his song on the radio and approached him to work together. They write songs together; she finds the melodies.

2b 1. amour; 2. concerts; 3. timide; 4. rapports; 5. fraternels; 6. collaborer; 7. écrivent

Unit 3: Au travail

Thème A: L'école: Deux points de vue

1 Activité de lecture et travail écrit

SUGGESTED ANSWERS

1. Il trouve qu'il y a moins de problèmes de discipline.
2. Les profs prennent le temps d'écouter les élèves; il y a donc un bon rapport.
3. [opinion personnelle] Tout en reconnaissant un côté agréable dans de tels rapports, je pense que cela ne marcherait pas en toute circonstance.
4. Le foyer semble assez bien équipé.
5. Ce n'est pas un problème qui touche aux résultats scolaires; alors, c'est d'une importance secondaire.
6. Le problème est qu'ils sont trop nombreux dans la classe.
7. Il assiste à 34 cours par semaine; chacun dure presque une heure.
8. Seconde langue vivante
9. C'est assez équilibré, mais il y a peut-être trop de cours consacrés aux langues par rapport aux sciences et maths.
10. Cela semble une bonne idée, mais cela implique de longues journées ailleurs.

2 Activité de lecture

(Claude Allègre was former Minister of Education in Jospin's government)

ANSWERS
1D; 2C; 3A; 4E, 5B

3 Travail oral

This exercise lends itself to follow-up work in writing.

4 Travail oral

By this stage, students should be aiming to speak for a minute with prompt cards only (rather than detailed notes).

Thème B: L'orientation

1 Activité de lecture

Remind students of the key differences between French and English secondary schools and why the process of *orientation* is important in Y10.

2 Exercice de compréhension

ANSWERS
1C; 2A; 3E; 4B; 5D

3 Exercice de compréhension

A true/false exercise. Students are asked to write a sentence to correct the statements that are false
ANSWERS.
1F: Dans la voie professionnelle, on rentre plus vite dans la vie active
2V
3F: Ces étudiants-là peuvent faire un bac S
4V
5F: On la choisit à la fin de la Seconde.

4 Travail oral

Refer students to the advice on role-plays in the Skills Section of this book. This exercise lends itself to a follow-up assignment in writing.

5 Activité de lecture et travail écrit

SUGGESTED ANSWERS
1. Il a découvert que les maths étaient utiles dans la vie courante.
2. Elle a pu découvrir la réalité et la complexité du métier.
3. This depends on the student's experience. Encourage the use of the ideas, vocabulary and constructions given in the two examples.

Thème C: Point Rencontre

1 Activité de lecture et exercice de compréhension

ANSWERS
1F: elle rend un contrôle à ses élèves.
2V
3F: C'est que le temps ne passe pas vite car les élèves sont déçus par leurs résultats.
4V
5F: elle travaille deux fois moins vite
6F: Normalement, le travail oral se passe très bien.
7V
8F: Il n'en est pas question
9F: Le dernier cours finit à 17h.
10V.

2 Travail écrit

Students identify 'des sources d'angoisses'.
Examples from the text:

> Il fait encore noir quand elle arrive à l'école.
> Les élèves sont déçus par leurs notes.
> Elle doit travailler sur l'ordinateur pour les bulletins trimestriels.
> Les 5ème sont très excités.
> Elle a une interview avec les parents d'un élève difficile.
> Thierry Denquin risque de mettre de la mauvaise ambiance par ses pitreries.

3 Travail d'écoute

ANSWERS
1C; 2D; 3E; 4A; 5B

4 Travail oral

Most of the questions about the picture allow individual students to practise making a presentation from a visual stimulus. The last question can be used to stimulate a class discussion.

Thème D: La triche et la toile

1 Activité de lecture et travail écrit

SUGGESTED ANSWERS
1. On les retrouve facilement sur le web: il suffit de faire quelques clics sur un moteur de recherche.
2. Ça correspondait exactement à ce qu'il devait faire.
3. Il les paie huit euros par unité.
4. Les textes sont sélectionnés et validés par une équipe de spécialistes.
5. Il prétend qu'il s'agit d'une version plus démocratique des cours particuliers.

2 Exercice de vocabulaire

ANSWERS
1C; 2A; 3E; 4B; 5F; 6D

3 Travail d'écoute

ANSWERS
1C; 2B; 3E; 4D; 5A

4 Travail oral

This exercise can be prepared by students in

pairs. It lends itself to follow-up work in writing.

Thème E: La violence à l'école

1 Activité de lecture et travail écrit

SUGGESTED ANSWERS

1. Elle est difficile à cerner parce qu'elle ne passe pas par les actes, mais par les attitudes et les paroles.
2. Les victimes typiques sont les faibles et ceux qui sont différents des autres.
3. Elle se manifeste par de petits gestes.
4. Tout cela mène au repli sur soi de la victime. Petit à petit, elle se trouve isolée et exclue.
5. Il faut d'abord faire parler les victimes: cela demande beaucoup de patience et de temps.

2 Travail oral

This exercise has two aims: to practise unstructured role-plays and to focus on the use of the imperfect to describe events that used to happen on a regular basis in the past. Encourage students to use the ideas in the text in developing their role-play.

3 On s'entraîne

A grammar revision exercise focusing on demonstrative adjectives and pronouns.
ANSWERS
1. cet; 2. celle; 3. ceux; 4. celui; 5. ces

4 Travail d'écoute

Students work out the identity of the author of five written statements from what they have heard.
ANSWERS
1. Pierre; 2. Paco; 3. Lofti; 4. Sophie; 5. Paco

Thème F: La formation continue

1 Travail oral

SUGGESTED ANSWERS

1. Centre National d'Enseignement à Distance.
2. Il propose une formation chez vous et à votre rythme.
3. Il fait appel à ceux qui, pour une raison ou une autre, ne peuvent pas suivre des cours traditionnels.
4. On peut se renseigner sur le web ou par téléphone.
5. Le CNED permet aux gens de préparer des concours, de compléter leurs connaissances, de découvrir une nouvelle discipline et d'élargir leur culture personnelle. Tout cela est positif.

2 Travail de recherche

Selon *Robert*, c'est 'une épreuve dans laquelle plusieurs candidats entrent en compétition pour un nombre limité de places'.

Il faut donc *préparer* un concours pour avoir de meilleures chances de réussir.

3 Travail d'écoute

(A) ANSWERS IN ENGLISH
Paul
1. Three years
2. Retrain as an accountant
3. They have not had to pay for his studies.
Nathalie
1. In the South of Spain
2. French
3. She is about one year behind French students living in France.
Marie-Christine
1. She is a Languages Assistant.
2. She only works 12 hours a week
3. She is preparing an MA in English.
(B) SUGGESTED ANSWERS IN FRENCH
Ahmed
1. Parce que les études lui manquaient.
2. Son entreprise lui donne cinq heures par semaine pour poursuivre ses études.
3. Il voudrait venir technicien qualifié.
Mauricette et Huguette
1. Parce qu'elles sont à la retraite.
2. Elles habitent en pleine campagne.
3. L'histoire de l'art.
Alain
1. Il est instituteur.
2. C'est uniquement pour le plaisir.
3. Flexible, mais ferme en même temps.

4 On s'entraîne

A grammar revision exercise focusing on the conjugation of verbs with a slight irregularity.
ANSWERS
1. découvrons; 2. jette; 3. achètent

11

4. renvoies; 5. espère

5 Travail écrit

Students could write about someone who is . . .

> preparing a competitive exam
> completing his studies
> discovering a new discipline
> broadening their cultural experience

Thème G: Images du travail

1 Activité de lecture

The concepts in this text are not necessarily very familiar. A careful reading of the text is essential for the exercises that follow.

2 Travail écrit

Encourage students to use the model text. Ideally, they should choose a different concept of work!

3 Travail oral

Students should work in pairs.

4 Travail d'écoute

The important factors in their choice of career:
ANSWERS
Stéfan: independence, creativity, variety
Anne: human relationships; helping others
Christine: money, profit margins, precision, figures
Alain: stability, permanence

5 Travail écrit

A grammar revision exercise focusing on the conjugation of verbs.
ANSWERS
1. est; 2. pouvez; 3. apporte; 4. avez; 5. aimer;
6. soutenez; 7. épanouissez; 8. aidant; 9. domine;
10. est.

Thème H: Le stress

1 Activité de lecture

A true/false exercise.
ANSWERS
1. Faux: 72% des personnes sont touchées par le stress.
2. Faux: le stress paralyse l'initiative.
3. Vrai

4. Faux: ils prennent la retraite parce qu'ils sont déjà déprimés.
5. Faux: ça demande qu'on travaille plus vite, alors le stress augmente.

2 Exercice de vocabulaire

Students find synonyms in the text.
ANSWERS
1. le surmenage; 2. les exigences; 3. ressentir;
4. paralyser; 5. réduire

3 Travail d'écoute

This is a transcription exercise.
ANSWERS
1. gérez; 2. minutieusement; 3. le; 4. façon;
5. privée; 6. choix; 7. supprimer; 8. à;
9. systématiquement; 10. hygiène; 11. de gros;
12. lui; 13. règles; 14. rigoureusement; 15. travaillez; 16. stressantes; 17. donnent; 18. pensez; 19. vite; 20. changer.

4 On s'entraîne

A grammar revision exercise focusing on adverbs.
SUGGESTED ANSWERS
(a) 1. indépendemment; 2. brièvement;
   3. paradoxalement; 4. profondément;
   5. heureusement; 6. patiemment
(b) 1. Il a travaillé de façon systématique.
   2. Elle conduisait avec soin.
   3. Ils ont avancé à toute vitesse.
   4. Elle écrivait (or a écrit) de manière intelligente.

5 Travail oral

This exercise can be used for extension work as a written assignment.

Thème I: Au boulot

1 Activité de lecture

SUGGESTED ANSWERS
1. Quinze heures par jour.
2. Elle n'est pas bonne: les gens sont vite énervés.
3. Il fait une bonne coupure pour le repas de midi.
4. Non. L'après-midi, il a l'occasion de sortir du bureau pour aller visiter un chantier. C'est positif, mais cela veut dire aussi que la journée est longue.
5. Inès est la fille de Véro.

6. Elle s'occupe de sa fille. Cela représente un changement en effet; Véro travaille à temps partiel maintenant.
7. Une satisfaction personnelle, un sacrifice professionnel.
8. [opinion personnelle]
9. Il aime son travail en lui-même, mais il n'apprécie pas l'ambiance.
10. Son chef gâche l'ambiance par son égoïsme.

2 Exercice de compréhension

Students identify the speaker.
ANSWERS
1. Malik; 2. Véro; 3. Véro; 4. Claude; 5. Malik.

3 Travail oral

A light-hearted exercise to finish the unit.

Unit 4: À table

Thème A: Les Français et les repas

1 Activité de lecture

Students match headlines to paragraphs of text.
ANSWERS
A4; B1; C2; D3

2 Exercice de compréhension

A true/false exercise.
ANSWERS
1V; 2F; 3F; 4V; 5F; 6V.

3 Exercice de vocabulaire

Students express key phrases in their own words.
POSSIBLE ANSWERS
1. Les rythmes qu'il faut respecter dans une maison de nos jours.
2. Le fait de manger quelque chose quasiment tout le temps au lieu de manger de gros repas.
3. On veut manger de façon saine.
4. C'est le fait de prendre plaisir aux bonnes choses à manger.
5. C'est quand on veut partager des repas avec la famille ou des amis.

4 Travail oral et écrit

Students interview a partner about how, when and what they eat. They then write up their findings. Encourage students to use the concepts and vocabulary from the text and to think analytically about their habits and customs.

5 Travail oral

Students can usefully prepare this exercise in pairs.

Thème B: Mon repas préféré

1 Travail d'écoute

SUGGESTED ANSWERS
(a) Students match a statement to a speaker.
   1. Y; 2. L; 3. Y; 4. J; 5. Y, J, P; 6. J, P; 7. P;
   8. L, Y; 9. L; 10. Y
(b) A gap-fill transcription exercise:
1. sain; 2. sans; 3. semaine; 4. fais; 5. pâtes;
6. bon; 7. viennent; 8. effort; 9. fête; 10. bonne.

2 Activité de lecture et travail écrit

SUGGESTED ANSWERS

1. Il venait d'arriver en France pour la première fois; il n'avait que 18 ans.
2. Parce que, pour lui, ça ressemblait à du bacon cru.
3. Il s'est servi trop copieusement.
5. Il ne s'attendait pas à un deuxième plat de viande.
5. Il avait déjà trop mangé.
6. Il n'a appris l'expression que bien plus tard.

3 On s'entraîne

A grammar revision exercise focusing on the imperfect.

SUGGESTED ANSWERS

1. Elle ne savait pas comment je me sentais.
2. Ils venaient d'arriver.
3. Il attendait depuis presque deux heures.
4. Ils n'avaient pas vraiment faim.
5. Il lui a dit qu'ils venaient de manger.

Thème C: Le hamburger: Roi de la cuisine française?

1 Activité de lecture et travail écrit

SUGGESTED ANSWERS

1. Il fait appel à la vue, à l'odorat et au toucher.
2. Parce qu'on mange un hamburger avec les doigts – sans pour autant se faire gronder.
3. Les jeunes aiment bouger tout le temps; le hamburger correspond à leur idée de liberté.
4. Parce que tout le monde peut se le payer.
5. Les restaurants traditionnels sont pour la famille; dans un fast-food, on mange avec les copains.

2 Exercice de compréhension

Students find an extract in the text to justify a given statement.

ANSWERS

1. Ce n'est pas par hasard.
2. Il fait appel à plusieurs sens.
3. On peut l'emporter.
4. Nous ne pouvons pas critiquer le prix.
5. C'est plus détendu.

3 Travail oral

Students should tackle this exercise as a role-play conversation. Encourage them to use the material

in the text on the first spread of this unit as well as from Béa's account. They should also incorporate expressions of agreement and disagreement from the language box.

4 Travail oral

Students may need some help to understand the pun of the slogan of this advert. (*Qui s'en soucie?* is slurred to *Qui s'en sushi?!*) In discussion, encourage students to think (and talk!) about presentation of food, sophistication and style.

5 Travail écrit

Encourage students to adopt an analytical approach in expressing their opinions on fast food.

Thème D: Conversation avec José Bové

1 Activité lecture et travail écrit

SUGGESTED ANSWERS

1. Il voulait protester contre l'importation de la viande aux hormones.
2. Il voulait une manifestation au grand jour, sans violence, avec la participation de beaucoup de gens.
3. En effet. Tout s'est passé tranquillement dans la bonne humeur.
4. La presse a tout exagéré. Elle voulait faire un scandale.
5. Oui, certains ont été arrêtés et quatre hommes ont été condamnés à faire de la prison.
6. Non. C'était une injustice à vous fendre le coeur, d'après lui.
   Et qu'est-ce que vous en pensez?

1–4. [personal opinions]

2 Exercice de vocabulaire

Students find synonyms in the text.

ANSWERS

1. s'en prendre à	6. étonnement
2. sembler	7. ne pas correspondre avec
3. se dérouler	8. les représailles
4. au grand jour	9. grave
5. léger	10. s'empirer

3 Travail écrit: Journaliste

Students write a newspaper article which supports the actions of José Bové. The expressions of agreement on the previous spread will come in useful.

4 On s'entraîne

SUGGESTED ANSWERS

(a) Avoiding the passive. Students find expressions in the text which are translated using the passive in English.
1. sous les applaudissements des habitants.
2. On m'a prévenu.
3. On nous a accusé
4. Ils se faisaient arrêter par la police.

(b) Translation into French.
1. Le restaurant a été complètement démoli.
2. On leur a dit de quitter le quartier.
3. La viande aux hormones ne se vend pas ici. // On ne vend pas la viande aux hormones ici.
4. Douze manifestants ont été arrêtés.
5. On les a amenés au commissariat. // Ils ont été amenés au commissariat.
6. José Bové est beaucoup admiré.

Thème E: La vache folle

1 Activité de lecture

This is a dense text which retraces the origins of BSE. It requires careful, detailed reading.

2 Exercice de compréhension

This exercise tests students' understanding of the facts and figures. The answer to each question is a number.
ANSWERS
1. 100.000; **2.** 133; **3.** 1994; **4.** 21; **5.** 30 à 40.

3 Travail oral

Encourage students to make a presentation which analyses the specifics of the visual stimulus and then moves into a more generalised discussion of the topic.

4 Exercice d'écoute

Students match the statement to one of the speakers.
ANSWERS
1. Benjamin; **2.** Monique; **3.** Annie; **4.** Benjamin et Jacques; **5.** Monique; **6.** Annie; **7.** Jacques; **8.** Annie; **9.** Jacques.

5 Exercice d'écoute et travail écrit

Students answer questions in French.

ANSWERS
1. Parce que les risques sont statistiquement minimes.
2. Il pense que la maladie existe depuis longtemps et que le gouvernement ne raconte pas la vérité.
3. [opinion personnelle]
4. Parce qu'elle est faite de déchets de chair. Elle est souvent collée avec de la cervelle et des fibres nerveuses.

6 Travail écrit

Students write a letter to their penfriend about being a vegetarian. Encourage them to use material from the listening exercise.

7 Travail oral

This exercise encourages revision of the passive. Encourage students to use phrases such as:
Les bovins sont infectés …
Quand les bovins sont abattus …
Les produits sont contaminés …

Thème F: Les OGM

1 Activité de lecture et travail écrit

SUGGESTED ANSWERS
1. Ils s'en méfient parce qu'ils sont ignorants des OGM.
2. Les changements sont stables dans le sens qu'ils sont permanents.
3. On peut rendre les récoltes plus résistantes à la maladie. Par la suite, l'agriculteur utilise moins de produits chimiques pour contrôler les pestes. En plus, on peut adapter les variétés végétales aux besoins des consommateurs.
4. Il y a des test obligatoires pour tous les OGM destinés à la consommation humaine.
5. Loin de là. Il reste beaucoup de travail à faire.

2 Exercice de vocabulaire

Students match a key word to a definition.
ANSWERS
1D; 2E; 3F; 4C; 5A; 6B

3 Travail oral

Encourage students to use information and ideas from the text in preparing this monologue. They should aim to speak for about 60 seconds.

4 On s'entraîne

A grammar revision exercise focusing on infinitive constructions.

SUGGESTED ANSWERS

1. Ils ont commencé à évaluer les risques.
2. Nous apprenons à appliquer cette technique aux plantes.
3. Nous voulons savoir les risques.
4. Ils ont réussi à augmenter la production de 50%.
5. Il faut éviter de créer un nouveau danger pour la santé des êtres humains.

5 Travail oral

Encourage students to express their own opinions about organic produce at the end of their presentation on this visual stimulus.

Thème G: Point Rencontre

1 Activité de lecture

Draw students' attention to the use of tense in this passage.

2 Travail écrit

A retranslation exercise.

ANSWERS

1. Il fallait leur faire concurrence.
2. Plus sensibles aux maladies
3. On finit par les détruire.
4. Ils misent sur ...
5. Cela ne va rien arranger du tout.

3 Exercice de compréhension

Students find a phrase in the text to justify a given statement.

ANSWERS

1. Les melons Salvador, ce sont des melons en or!
2. Le rendement était fantastique.
3. De gros fruits ... pompés de produits chimiques.
4. Cela ne va rien arranger du tout.
5. Je trouve qu'il a bien raison (de ne pas reprendre la ferme)

4 Travail oral

This brainstorming exercise draws together the different threads of the last three spreads.

5 Exercice d'écoute

ANSWERS

(a) Students categorise countries according to their attitudes towards OGM.
Opposition forte: Autriche
Opposition: Danemark, Luxembourg, Suède
Opinion partagée: France, Grande Bretagne
Favorable; très favorable: Canada, USA, Japon, Allemagne
(b) True/false exercise.
1F; 2F; 3V; 4V; 5F

Thème H: Des idées reçues au banc d'essai

1 Activité de lecture

Students match a counter-argument to a false affirmation.

ANSWERS
1D; 2E; 3F; 4A; 5C; 6B

2 Travail écrit

This exercise allows students to use the material from the text in a more active way.

3 On s'entraîne

A grammar revision exercise focusing on indirect object pronouns.

SUGGESTED ANSWERS;

1. Je lui ai dit de manger plus de légumes.
2. Je lui ai conseillé d'arrêter de fumer.
3. Je leur ai dit de vous téléphoner.
4. Nous lui écrivons régulièrement.
5. Je lui ai parlé au sujet de son régime.

Thème I: Manger bien sans manger triste

1 Activité de lecture

This text contains some specialised vocabulary and requires careful reading.

2 Exercice de compréhension

Students identify the foods described.

SUGGESTED ANSWERS

1. Des poissons gras tels que la sardine, le hareng, le maquereau et le saumon.
2. Les jus de fruits.
3. Les pâtes.

4. Les viandes rouges.
5. Le thé vert.
6. Le pain complet.
7. Les légumes.
8. Le beurre.
9. Des lentilles, des pois, des pois-chiches.
10. Le yaourt.

3 Travail oral

Students use the information from the text to analyse their own diet. They should aim to speak for at least a minute without referring to their notes.

4 Travail écrit

Remind students that they should aim to show how they have progressed since GCSE, in terms of the sophistication of both language and ideas. This account should therefore be analytical as well as descriptive.

5 On s'entraîne

A grammar revision exercise focusing on the imperative. Students should produce a set of instructions. *Prenez un plateau, choisissez ce que vous voulez, servez-vous*, etc.

Assessment Answers: Units 3 & 4

Part A

1a
1. Il y travaille depuis huit ans.
2. Il dit que c'est un incapable.
3. Il a décroché le poste grâce à son père.
4. Jean-Pierre est responsable de quatre hommes.
5. Le plus jeune n'est jamais content.
6. La première solution est de renvoyer le jeune.
7. Cette solution coûte trop cher à l'entreprise.
8. Il va à un entretien pour un autre poste.

1b 1. au sommet; 2. répartir; 3. sans cesse; 4. renvoyer; 5. insupportable; 6. un entretien

2 Faux: 1, 2, 4, 6, 7, 8

Part B

1

> To tackle unemployment by the creation of jobs on a vast scale.

> It is hoped to give greater importance to personal and family life.
> It means that people will work less: this goes against international trends.
> If the law is successful, it will put the PS in a very strong position.

2 Claudine; Antoine; Abdul; Marie; Jeanine; Léa; Olivier; Ramech.

3a
1. Ils courent sans cesse et ils n'ont plus le temps de savourer les repas.
2. On les arrose d'un coca ou on les noie avec du café.
3. On gaspille énormément à la cantine de l'école.
4. Bien des petits deviennent obèses.

3b
sacré; fait maison; difficile; gazifié

Unit 5: En route

Thème A: Dossier vacances

① Activité de lecture et compréhension

A true/false activity based on the text.

ANSWERS

1F; 2V; 3V; 4F; 5V

② Travail écrit

SUGGESTED ANSWERS

1. La France est le pays d'Europe avec les plus longs congés payés.
2. Ils profitent des offres spéciales hors saison et ils font des recherches sur Minitel ou sur le Net.
3. Parce qu'il y a une richesse et variété de sites formidables.
4. Parce qu'ils restent en France; ils ne partent pas à l'étranger.
5. À cause de la mise en place de l'euro.

③ Travail d'écoute

Students match statements of personal experiences with phrases from the text.

ANSWERS

1B, 2I, 3D, 4A, 5J, 6H, 7G, 8F, 9E, 10C

④ On s'entraîne

A grammar revision exercise on the pluperfect.

SUGGESTED ANSWERS

1. L'année dernière nous sommes allés en Espagne. L'année d'avant, nous étions restés en Angleterre et il avait plu tous les jours.
2. Il a expliqué qu'il avait oublié qu'il était en Angleterre et qu'il avait donc roulé à droite.
3. Nous avions prévu de partir vendredi, mais il y a eu un orage terrible.
4. Il s'est demandé pourquoi il avait décidé d'étudier le français.
5. Il m'a dit que j'étais arrivé(e) trop tard.

⑤ Travail oral

A free speaking activity. Students should be encouraged to think for themselves about the humour of this advert and to use the questions as a springboard for further original comment.

Thème B: Allons à la plage

① Activité de lecture et travail écrit

SUGGESTED ANSWERS

Misrahi:

1. Non. Sète est une ville qui vit et il y a un arrière-pays merveilleux.
2. Ils apprécient surtout le marché avec tous ses produits.
3. Non. Ils aiment découvrir l'arrière-pays.

Claret:

1. Ils n'aiment pas les plages parce qu'elles sont pleines à craquer et il n'y pas de sanitaires.
2. Ils trouvent les gens sans pudeur.
3. Ils aimeraient aller à une plage privée du Pacifique.

Dussor:

1. Non. Ils partent à la mer tous les ans depuis longtemps.
2. Ils recherchent la compagnie: ils aiment faire la fête.
3. Le soir, ils jouent à la pétanque.

② Travail écrit

SUGGESTED ANSWERS

Misrahi: La plage est super en petites doses: une activité parmi tant d'autres.

Claret: La plage est malsaine: c'est un étalage assez dégoûtant de chair humain.

Dussor: C'est un lieu privilégié de repos et de détente: on s'y éclate.

③ Travail de recherche: Vocabulaire

Positive adjectives: super, fantastique, vivante, délicieux, merveilleux, bon(ne), idéal

Negative adjectives [with suggested opposites in brackets]: abominable [admirable], bondé [désert], gros [mince], lardeux [musclé], frippé [lisse], infect [délicieux]

④ Travail oral: Album de photos

ANSWERS

1. Claret; 2. Dussor; 3. Misrahi

Encourage students to explain *why* they have come to this conclusion.

⑤ On s'entraîne

Grammar practice on past participle agreement.

SUGGESTED ANSWERS

1. Voici les montagnes que nous avons vues de l'avion.
2. Voici la vieille ferme que nous avons louée.
3. Voici des amis que nous avons rencontrés à la plage.
4. Nous les avons invité à un barbecue au gîte.
5. Celle-ci est sur-exposée. Je l'ai prise à contre-jour.

Thème C: Les parcs de loisirs

1 Activité de lecture

Students match questions to paragraphs of text from a website.

ANSWERS

1C; 2E; 3A; 4F; 5B; 6D

2 On s'entraîne

A grammar revision exercise focusing on interrogatives. Students ask a series of questions to different audiences.

3 Travail d'écoute: L'expérience de Christiane

ANSWERS

1. Elle était repoussée par le commercialisme américain.
2. Elle a été impressionnée par la qualité de la construction.
3. Non, il y avait un tas de choses à regarder.
4. *Small world* et *Peter Pan* avaient une certaine magie.
5. La qualité de la nourriture n'était pas bonne.

4 Travail écrit

A free writing activity. Encourage students to re-read the text. The transcript from the travail d'écoute would be a useful extra resource.

Thème D: Pourquoi partir?

1 Activité de lecture et travail oral

This exercise can be prepared individually, in pairs or in groups, followed by a class discussion of the different opinions. Encourage students to defend their point of view.

2 Travail d'écoute: Ma destination de rêve

Students listen for information under four headings. They need not write in complete sentences.

ANSWERS:

Nadia: Paris/ 30 euros par nuit / un long week-end / Musée d'Orsay et bouquinistes.

Malek: Les Andes / 2 000 euros par personne 3 semaines / randonnée sur la route des Incas.

Julien: Bourgogne / 1 000 euros / une petite semaine / séjour gastronomique et découverte des grands crus.

Joanna: Alicante / moins de 1 000 euros / quinze jours / plage et boîte.

Paul: Lac Salagou / 70 euros / samedi-dimanche / randonnée à vélo, planche à voile.

3 On s'entraîne

An exercise to practise use of the present participle as explained in the grammar panel.

4 Travail oral

Students may need some help with the analysis of the picture. This exercise could also be used for writing (as homework), following oral exploitation in class.

Thème E: Point Rencontre

1 Activité de lecture et de compréhension

POSSIBLE ANSWERS:

1. Ils ont pu se reposer chez les grand-parents.
2. Isabelle et ses sœurs voulaient voir Pompéi.
3. Il faisait tellement chaud qu'il se sont tous un peu déshydratés.
4. Ils ont pu faire escale à Venise.
5. Parce que c'est une ville où on se déplace à pied ou en bateau.

2 Travail écrit: Changez d'ambiance

A free writing exercise, allowing students to use their imaginations. The style should be chatty and anecdotal. As an extension exercise, some students could choose a second problem area and describe what happened orally.

3 On s'entraîne

A grammar exercise focusing on constructions with *après* and *avant*.

SUGGESTED ANSWERS

1. Après être rentrés tard le soir, ils se sont rendu compte qu'ils avaient perdu leurs clés.
2. Il faut réserver notre vol avant la semaine prochaine.
3. Après la vague de chaleur, nous étions presque contents quand il a commencé à pleuvoir.
4. L'île est très calme après que les touristes soient partis en octobre.
5. Est-ce que vous avez regardé la carte avant de vous mettre en route?

4 Travail oral

Students should use Isabelle's letter and their imaginations!

Thème F: La route meurtrière

1 Activité de lecture et travail oral

This exercise lends itself to group work. Encourage students to prepare what they are going to say to justify their opinions.

2 Exercice de compréhension

Students match statements of personal experience with the numbered security measures in the text.

ANSWERS

A6; B2; C1; D5; E3; F4

3 On s'entraîne

A grammar revision exercise focusing on the perfect tense of the passive.

SUGGESTED ANSWERS

1. La qualité du réseau routier a été améliorée.
2. Le port de la ceinture de sécurité a été rendu obligatoire.
3. La vitesse en ville a été limitée.
4. La puissance moyenne des voitures a été baissée.
5. Un permis à points a été instauré.
6. Des campagnes successives sur la sécurité routière ont été lancées.

4 Travail oral

Students work in pairs for this role play.

Encourage the journalist to ask awkward and probing questions!

Thème G: La voiture en ville

1 Activité de lecture

A densely written and argued text which requires careful reading.

2 Exercice de vocabulaire

A retranslation exercise.

SUGGESTED ANSWERS

1. . . . figure en bonne place
2. une solution médiane
3. [les] plans de déplacements urbains
4. le stationnement de courte durée
5. il ne s'agit que d'une expérience
6. pérennisé(e)

3 Exercice de compréhension

SUGGESTED ANSWERS

1. Parce que la voiture est adulée par les uns et décriée par les autres.
2. Il dit, entre autre, que la presse nationale s'intéresse aux expériences dijonnaises.
3. On avait déjà mis en place un réseau dense de parkings.
4. Ce système semble plus juste et il offre plus de sécurité aux automobilistes. En outre, il crée des emplois.
5. Ils doivent décider si, oui ou non, l'expérience doit être pérennisée.

4 Travail d'écoute: Les agents encaisseurs

ANSWERS

1F, 2F, 3V, 4V, 5V, 6F, 7F, 8V, 9F, 10V

5 On s'entraîne: Conjugaison

An exercise to practise the choice of tense. It might be useful to rehearse the principles with some students first.

ANSWERS

j'ai découvert; je l'ai vu; il marchait; il parlait; il demandait; on m'a expliqué; la Mairie avait installé; elle voulait; après avoir vu; copieront.

6 Travail oral

It might be possible to raise the profile of this speaking exercise by encouraging students to use

Powerpoint in making their presentation. The audience could be the Conseil Municipal de Dijon.

Thème H: Deux roues

1 Activité de lecture et travail écrit

SUGGESTED ANSWERS

1. Le vélo n'est pas vraiment reconnu comme moyen de transport en France.
2. Il est davantage reconnu dans les pays nordiques.
3. Les Français se servent d'un vélo quand il y a une grève des transports en commun, ou qu'il y a une crise d'essence peut-être.
4. Non. Ils abandonnent vite leur vélo au garage.
5. Les écologistes n'encouragent pas les gens à utiliser le vélo dans la mesure où ils parlent de la pollution atmosphérique.
6. Avec les VTT on peut se défouler hors piste; c'est la vraie liberté.

2 Travail d'écoute: Deux cyclistes

Students identify the speaker: Pierre (P), Rachid (R) or neither (N).

ANSWERS

1R, 2P, 3P, 4N, 5R, 6R, 7P, 8R, 9N, 10P

3 Travail oral

Students work in pairs for a brainstorming exercise. It may be useful to have a plenary class session before launching students into preparation of an oral presentation on the advantages of cycling.

4 Activité de lecture et travail écrit

SUGGESTED ANSWERS

1. Ils sont pratiques, créent de nouveaux emplois, ne coûtent pas cher et réduisent la pollution atmosphérique.
2. Ils sont bien équipés dans la mesure où les passagers sont bien protégés.
3. Ils rouleront au gaz et à l'électricité pour réduire la pollution atmosphérique.
4. Il semblerait que non. Ça dépend de la subvention éventuelle de la municipalité.
5. Ils sont présents dans plus de quarante villes de la péninsule.

5 Exercice de vocabulaire

Students match opposites.

ANSWERS

1C, 2D, 3B, 4E, 5A

6 Travail oral: Taxis pour tous

This exercise can be prepared in pairs. It can be set for extension work as a written exercise.

Thème I: Le TGV

1 Travail oral

A free speaking exercise. It might be useful to provide some key vocabulary (such as *décoller*) and to discuss the paradox raised by the final question. This exercise could be written up for homework as an extension exercise.

2 Activité de lecture et travail écrit

POSSIBLE ANSWERS

1. La France reste à la pointe des progrès en ce qui concerne leur système ferroviaire. Les TGV vont presque deux fois plus vite que les trains anglais les plus rapides.
2. Le train en question est arrivé en gare pendant les actualités de 20 heures, alors que tout le monde regardait la télévision.
3. On pourra aller de Londres à la côte méditerranéenne en cinq ou six heures; cela fera du bien au tourisme.

3 Travail oral

Students work in pairs to prepare a role-play based on the text.

4 On s'entraîne

A grammar revision exercise focusing on the conditional perfect.

SUGGESTED ANSWERS

1. Nous aurions dû investir davantage dans notre réseau ferroviaire.
2. Normalement, je serais venu(e) en voiture, mais elle est au garage en ce moment.
3. Tu aurais beaucoup apprécié les trains français!
4. Vous auriez dû venir avec nous!
5. J'aurais pu le faire la semaine dernière, mais maintenant, c'est impossible.

5 Travail écrit

For additional help, refer to the notes on essay writing in the Skills section.

Unit 6: On change de look

Thème A: Après l'an 2000

1 Activité de lecture

This text introduces the subjunctive. It may be appropriate to alert students to the possibility of unusual verb forms!

2 Exercice de compréhension

In the text, eight people express their hopes for the 21st century in a positive way. In this exercise, students have to identify the opposite side of the coin, identifying the problems or fears which have inspired them to express such hopes.

ANSWERS

1. Jacques; 2. Alain; 3. Laure; 4. Mylène;
5. Maryse; 6. Anneli; 7. Fabrice; 8. Thierry.

3 Travail écrit

Students write about their hopes and fears for the 21st century.

4 On s'entraîne

Students practise the use of the subjunctive by talking/writing about hopes, expectations (and demands) in another domain.

Thème B: Images de la France

1 Activité de lecture et travail écrit

SUGGESTED ANSWERS

1. La presse internationale semble admirer la France; le ton est très positif envers elle.
2. Les Bleus sont l'équipe nationale de foot qui a gagné le Mondial en 1998 et l'Euro 2000.
3. Trois indices suggèrent une économie fleurissante en France: l'inflation est maîtrisée; le chômage a diminué et les taux de croissance battent tous les records.
4. L'Hexagone est un genre de surnom pour la France.
5. Les immigrés ont parfois du mal à s'intégrer en France.

2 Travail écrit: Rédacteur xénophobe

Students re-write part of the text, changing the tone to make it francophobe instead of francophile. An opportunity for students to use their imaginations!

3 Travail oral

A brainstorming exercise. Encourage the students to learn a wide variety of adjectives. Some more unusual suggestions could be added by the teacher, such as 'Les Français sont très BCBG – Bon chic, bon genre!'

4 Travail oral

Some help may well be needed for those not particularly hot on their geography. The larger shape is Corsica; the smaller shape France. The way the two are shown is, of course, an inversion of the normal representation. La Corse is considered part of France: it is made up of two départements. The views of certain separatist groups are well known.

Thème C: 2002: L'heure de l'euro

1 Activité de lecture et de compréhension

SUGGESTED ANSWERS

1. L'euro a remplacé le franc.
2. Le gouvernement avait mis en place un 'programme d'accompagnement'.
3. Il y avait un guide de conversion pour aider les Français à se familiariser avec la nouvelle monnaie.
4. Le passage à l'euro allait renforcer la solidarité économique d'après Fabius.
5. Il a souligné l'idée de la solidarité. Il a parlé de façon optimiste de 'l'Europe de demain'.

2 On s'entraîne

A grammar revision exercise which requires students to use either the future tense or *aller* + infinitive.

3 Travail écrit: L'euro en 7 dates clé

Students judge whether given statements are possible or impossible according to the published timetable for the introduction of the euro.

Thème D: Les ordinateurs

1 Activité de lecture et de compréhension

SUGGESTED ANSWERS

1. Ils veulent développer le marché des logiciels pour les tout-petits.

2. Non, c'est plutôt par intérêt économique.
3. La souris, par exemple, est spécialement adaptée aux petites mains.
4. Le matériel est vérifié par des spécialistes de l'enfance.
5. Ils doivent rendre la marchandise crédible aux yeux des parents.

2 On s'entraîne

A translation exercise to practise the use of *faire* + infinitive.

SUGGESTED ANSWERS
1. On a fait installer un nouveau réseau d'ordinateurs à l'école l'année dernière.
2. Est-ce que tu t'es fait couper les cheveux récemment?
3. Ils font construire une piscine!
4. On s'est fait avoir!
5. Je les ferai imprimer demain.

3 Travail d'écoute

Students decide whether or not the printed statements correspond to the psychologist's opinions.

ANSWERS
1×, 2√, 3×, 4√, 5√, 6√

4 Travail oral

A brainstorming exercise. Encourage students to explain when and why they use computers.

5 Travail écrit

The ideas in the advert are quite complex. Discuss them orally with the class first before beginning the written assignment.

6 Exercice d'analyse grammaticale

An optional exercise for students who are interested in the mechanics of the language.

> *Donnez! Apprenez-lui! Éclairez-le!*
> *pêcher, démarrer*
> *davantage*
> *lui*
> *se nourrir*
> *irez-vous*

Thème E: L'Internet

1 Activité de lecture

This text sets out some facts and figures to inform other exercises.

2 Compréhension

ANSWERS
(a) A vrai/faux/pas mentionné (V/F/?) exercise to test reading of the text.
1V; 2V; 3V; 4F; 5?; 6F; 7V
(b) Students join the two halves of a sentence.
1C, 2A, 3B, 4E, 5D

3 Exercice d'écoute

Students make notes in English from an account of an addict of the Net. See transcripts page 64.

4 Travail oral

Discuss the advantages and disadvantages of using the Net.

5 Travail écrit

Students write a dialogue.

Thème F: La mode

1 Activité de lecture et de compréhension

SUGGESTED ANSWERS
1. Les années de crises sont finies, donc ils disposent de plus d'argent pour les vêtements.
2. C'est à partir de 1997 que les dépenses ont commencé à augmenter.
3. L'offre a changé sans aucun doute: il y a beaucoup plus de choix actuellement.
4. Les nouveaux matériaux sont plus confortables; certains, par exemple, découragent la transpiration.
5. L'auteur prétend que la mode est l'expression de son ouverture au monde.
6. [opinion personnelle]

2 Exercice de vocabulaire

Students define words and link them to their opposites.

> Épuré: riche et compliqué
> Artisanale: industriel et mécanisé
> Authentique: faux et artificiel

3 Travail oral: Créateur d'habits

This presentation should be prepared thoroughly well in advance. Encourage students to use a range of resources such as OHP or Powerpoint.

4 Travail écrit

Refer students to the Skills Section in this book on writing a good essay. Encourage a direct answer to the question.

5 Travail d'écoute

ANSWERS
(a) A true/false exercise to test basic understanding.
1V; 2V; 3V; 4F; 5F; 6V; 7V; 8F; 9V; 10F
(b) Students match written comments from the respective mothers of Anna, Fanny and Luc with the information they have heard about their offspring.
1L; 2A; 3L; 4F; 5F; 6A; 7F; 8A; 9F; 10L

6 Travail oral

A light-hearted exercise on fashion awareness. Make reference to the fashion of words such as *in* and *out* used in this way!

Thème G: Point Rencontre

1 Activité de lecture

Draw students' attention to some of the key terms.

2 Exercice de compréhension

SUGGESTED ANSWERS
1. La longueur des publicités a beaucoup diminué parce que les gens sont maintenant habitués à un rythme de vie plus rapide.
2. Le premier but d'une pub est de déclencher le reflexe de l'achat.
3. On se rappelle seulement 5% des pubs après un délai de 24 heures.
4. Le message qui est simplement mercantile n'intéresse plus les gens; il faut que la pub soit ludique.
5. On leur reproche de manipuler les gens.
6. [opinion personnelle]

3 Exercice de vocabulaire

A retranslation exercise.

SUGGESTED ANSWERS
1. [ils] changent en permanence
2. Autrefois ... à l'heure actuelle
3. Le réflexe d'achat
4. N'atteignent pas leur but
5. La rentabilité
6. On nous reproche

4 Travail oral

Students work in pairs to prepare a radio advert. This is a major assignment and needs to be set well in advance of the lesson when the presentation is to be given. Encourage students to make a recording of their advert.

5 On s'entraîne

A grammar revision exercise which focuses on the imperfect and a contrast between what *used to* be the case and what happens now.

6 Travail écrit

Students write a paragraph of analysis on an advert. Encourage them to use some of the ideas and vocabulary contained in the text.

Thème H: Les jeunes

1 Activité de lecture

Students read three contrasting accounts of 'adolescence'.

2 Exercice de compréhension

Students work out the identity of the speaker.
ANSWERS
1. Paul-Henri; 2. Marion; 3. Paul-Henri; 4. Axelle; 5. Marion.

3 Exercice de vocabulaire

A retranslation exercise:
ANSWERS
1. Il faut qu'ils comprennent.
2. Une période de mutation.
3. C'est mon affaire.
4. Ils me parlent sans cesse.
5. Grossesses non désirées

4 Travail écrit

Students translate into English.
SUGGESTED ANSWER
It's a time when I develop my own identity. My

parents say that I am giving up everything. I don't do sport any more, I don't work like I used to at school. But I've got to find a way to be myself. If I want to express myself by getting pierced or tattooed, that's my business. My dad doesn't like it, but it's not up to him to make decisions for me.

5 On s'entraîne

A grammar revision exercise focusing on disjunctive pronouns.

SUGGESTED ANSWERS
1. Je préfère lui parler moi-même.
2. Qui a décidé de le faire? Moi.
3. Comme toi, je m'inquiète des conséquences.
4. Et toi! Qu'est-ce que tu as fait toute la journée, toi?
5. C'est à nous.

6 Travail d'écoute

SUGGESTED ANSWERS
(a) Comprehension questions
1. Il ne faut surtout pas éviter les conflits.
2. Il vaut mieux chercher un médiateur.
3. Ça reste un sujet tabou.
4. Cela donne aux jeunes confiance en eux-mêmes.
5. Il faut informer les jeunes; il faut parler ouvertement des risques.

(b) Retranslation exercise
1. Si ça escalade …
2. Il faut essayer de ne pas menacer.
3. Un autre sujet douloureux …
4. Si les parents sont trop rigides …
5. Gardez le contact!

Thème I: Le féminisme

1 Activité de lecture et travail écrit

SUGGESTED ANSWERS
1. Pendant longtemps la vie d'une femme était dominée par une succession de grossesses.
2. La pilule a été reconnue légalement en 1967.
3. La 'femme est au foyer' est en train de disparaître parce que de plus en plus de femmes travaillent.
4. Celle de la 'Superwoman'.
5. Parce que les qualités dites féminines sont valorisées alors que les qualités dites masculines sont dénoncées.

2 Travail écrit et oral

Students write a definition of one of the roles for women mentioned in the text. Other members of the class are challenged to identify it.

3 Travail écrit

Students analyse an advertisement in terms of the way it presents the roles of men and women. The picture can be used as a way to introduce a more general discussion of the roles of men and women.

4 Travail d'écoute

Colette Mainguy suggests that women want new technology:

> to have a designer look;
> to work without any hitches;
> to be seductive and practical;
> to be compact (not take up too much space);
> to be simple.

5 Travail oral

Students make a presentation on women in the 21st century.

Assessment Answers: Units 5 & 6

Part A

1a Anna
1b; 2c; 3b; 4a
1b Hamed
1. extraordinaire 2. qui 3. outil 4. messages 5. reçus 6. soutient
1c Franck
1. Ça permet aux gens de se parler n'importe où.
2. Le portable est un atout pour la sécurité.
3. Quand il a retrouvé un motocycliste accidenté.
4. Les gens se téléphonent alors qu'ils n'ont rien à se dire. C'est un abus du portable à son avis.
5. Il faut consommer avec modération.

Part B

1a

1. La mode change à une allure inouïe.
2. Il y a toute une gamme de produits associés

au sport. La tenue des équipes de foot change très souvent.

3. Très vite un ordinateur n'est plus assez puissant pour les nouveaux logiciels.
4. Tout se passe très vite et il y a énormément de pressions.
5. Le flair, c'est de savoir deviner la mode de demain.

1b

Students express personal opinions. The best candidates will comment not only on the paradox that life seems more pressurised even though there is more and more 'free time'.

Key Skills

The students should read these pages carefully. They will be useful to them throughout the course.

Unit 7: SOS planète

Thème A: Effet de serre

① Activité de lecture

A reading activity. Draw students' attention to the title which suggests that the earth has a temperature!

② Travail de recherche

ANSWERS

(a) The countries or places mentioned are: the Alps, Siberia, the North East of the United States, Andalusia in Spain and the North Atlantic Ocean.
(b) The precise examples for each case are:
'Les océans gonflent': the North Atlantic
'Les glaces fondent': Iakoutsk, Siberia and the Alps
'Les déserts s'étendent': the Sahara into Andalusia.

③ Activité de lecture et de compréhension

Students identify answers from graphics.
ANSWERS

1. Les États-Unis.
2. Non, pas par rapport à l'industrie.
3. Le nucléaire.
4. L'Asie.
5. Tous, sauf l'Afrique et l'Asie.
6. Le secteur des transports.
7. En ce moment, c'est l'Afrique du Nord; en 2050 ça sera le Pacifique.
8. Le secteur des transports.
9. L'énergie thermique.
10. L'équivalent de 194,1 millions de tonnes de pétrole.

④ On s'entraîne

SUGGESTED ANSWERS

1. D'ici 2050, le Sahara aura gagné le sud de l'Espagne.
2. Le niveau de la mer sera monté.
3. Le nombre de voitures sur les routes aura doublé.
4. Nous achèterons une autre voiture quand j'aurai réussi mon permis.
5. Ils comprendront ce qu'ils ont fait quand ils auront détruit toutes les forêts.

Thème B: Pollution de la Terre

1 Activité de lecture

Students read a brochure on saving energy. Draw attention to the imperatives and to some important (but perhaps unfamiliar) verbs such as *éteindre* and *trier*.

2 Travail écrit

Students set out their good intentions. An example is given in the Student's Book.

3 Activité de compréhension

Students match two halves of a sentence.
ANSWERS
1E; 2D; 3A; 4C; 5B

4 Travail d'écoute

Students assess the speakers' reactions to the Kyoto conference.
ANSWERS
1. Jean-David: Ambivalente
2. Laure: Négative
3. Thomas: Ambivalente
4. Patricia: Positive
5. Roger: Positive
6. Michelle: Négative

5 Travail oral

Students analyse an advertisement and discuss its implications in pairs.

Thème C: Les déchets

1 Activité de lecture et travail écrit

SUGGESTED ANSWERS
1. Les déchets sont laids et ils constituent un vrai danger pour notre santé.
2. Ils sont dangereux parce qu'ils contaminent les sols, l'eau et l'air.
3. Les déchets représentent un gaspillage de matières premières et d'énergie.
4. Le tri sélectif réduit la quantité de déchets mis en décharge.
5. En 1999, 66% des Français triaient leurs déchets; en 2002, il s'agit de 75%.
6. Il existe des normes de production que les industriels doivent respecter.
7. On peut choisir des produits à emballage recyclable et trier ses propres déchets.
8. Ce comportement contribue à une amélioration de notre environnement.
9. L'Ademe est l'Agence de l'Environnement et de la maîtrise de l'énergie.
10. Pour permettre à tout le monde de réconcilier progrès et environnement.

2 Activité d'évaluation

Students analyse the rubbish that they throw away during a week and make resolutions for recycling. This activity needs to be set up in advance of the lesson. For extension work, students can write up their findings.

3 Travail écrit

Students write a short explanation of ADEME's slogan. More information on the organisation can, of course, be found on the (good) website. Encourage students to undertake research before writing.

4 On s'entraîne

SUGGESTED ANSWERS
1. Combien de bouteilles avez-vous? J'en ai amené six.
2. On n'en avait pas besoin, donc on s'en est débarrassé.
3. Nous produisons tant de déchets. Il faut en recycler davantage.
4. Mon ami est allé en Suisse le mois dernier. Il en est revenu avec de bonnes intentions pour trier nos déchets.
5. Si vous voulez en savoir plus, visitez www.ademe.fr

Thème D: Pollution de la mer

1 Activité de lecture

Students read an ecologist's account of the aftermath of the disaster involving the supertanker, *Erika*.

2 Exercice de compréhension

Students find a phrase from the text to match the assertions in the exercise.
ANSWERS
1. La responsabilité finit par être diluée.
2. C'est avant qu'il faut agir.
3. Les propriétaires sont obsédés par le profit.
4. La jungle de sociétés
5. … qui semblent exister dans un monde virtuel.
6. Tout se ligue contre la raison.

3 Travail écrit

SUGGESTED ANSWERS

1. Quand le pétrole est sur l'eau, la bataille contre la marée noire est perdue.
2. Non. Il y aura toujours des accidents.
3. Ils ne pensent pas assez à la sécurité parce qu'ils sont obsédés par le profit.
4. Il est difficile de tracer les responsables parce qu'il y a toute une jungle de société qui semblent n'exister que dans un monde virtuel.
5. Il y a des conséquences graves pour la flore et la faune: beaucoup de plantes et d'animaux meurent.
6. Pour les gens, il y a le risque de maladies graves. Une perte de revenus les menace aussi.

4 On s'entraîne

SUGGESTED ANSWERS

1. Il faut que nous soyons réalistes.
2. Il faut que le gouvernement réagisse vite.
3. Il faudra des années avant que la vie marine se rétablisse dans la région.
4. Combien de catastrophes y aura-t-il avant que les propriétaires de pétroliers ne comprennent?
5. Il faut que tu le prennes au sérieux.

5 Travail d'écoute

ANSWERS

(a) Transcription
1. responsables; 2. domestique; 3. épuration;
4. égouts; 5. salissent; 6. produisent; 7. met;
8. rejoignent; 9. provoquent; 10. marins

(b) Comprehension
1. Il est spécialiste de la pollution agricole.
2. Le premier problème est les pesticides.
3. Ils provoquent des excès nutritifs dans les lacs.
4. Les algues tuent d'autres formes de vie.
5. Le cercle écologique finit par être modifié.

(c) Students select the appropriate end to the sentence.
1d; 2j; 3a; 4c; 5e

6 Travail oral

Students sum up the information in this spread in a prepared monologue.

Thème E: Pollution de l'air

1 Lecture

Students read about air pollution in towns.

2 Exercice de vocabulaire

A retranslation exercise.

ANSWERS

1. . . . qui s'est emparée de
2. Pire encore
3. . . . qui nuit gravement à notre santé
4. Moins d'encombrements
5. Tant les habitudes sont ancrées

3 Exercice de compréhension

Students use information from the text to contradict false ideas.

SUGGESTED ANSWERS

1. La voiture émet des gaz très toxiques qui nuisent gravement à notre santé.
2. La plupart des trajets peuvent être effectués à pied, à vélo ou en bus.
3. Quand la voiture est rare au centre-ville, on y respire à pleins poumons. La ville revit.
4. On peut favoriser le vélo et développer le tramway.
5. Ceux qui sont contre la voiture ne sont pas populaires au départ.

4 On s'entraîne

SUGGESTED ANSWERS

1. Nous encourageons l'utilisation du vélo en créant plus de pistes cyclables en ville.
2. Il faut que le gouvernement nous offre un choix véritable en investissant dans le réseau ferroviaire.
3. Tout en disant qu'il privilégie les transports en commun, il se déplace toujours en voiture.
4. La Mairie a montré de la bonne volonté en achetant une cinquantaine de voitures électriques pour ses employés.
5. Tout en étant optimiste à long terme, je pense qu'il sera difficile de changer les habitudes.

5 Travail oral

Students prepare a free role play between the Mayor of Strasbourg and a journalist. Refer students to the text for information on the Mayor's views.

6 Travail écrit

Students write an essay. Refer them to the Skills Section of the Student's Book.

Thème F: Point Rencontre

1 Travail d'écoute

(a)

> He thinks that nuclear power is a good thing. It's a means of producing cheap electricity without polluting the atmosphere.

> He wasn't happy at the thought of spoiling the local countryside, but he recognised that it was positive for the economy. It brought jobs to the village.

> The village square has been revamped; a new village hall has been built; and all the pavements have been re-done with lots of new flowerbeds.

(b)

> C'est positif pour l'économie du village.
> La centrale a créé beaucoup d'emplois.
> La Mairie a reçu plein d'argent du gouvernement.

2 On s'entraîne

SUGGESTED ANSWERS

1. Je suis content qu'ils aient construit une centrale nucléaire à Golfech.
2. Je ne pense pas que ce soit un danger véritable.
3. Bien qu'il y ait certains inconvénients, la présence d'une centrale à Golfech est généralement positive.
4. Je veux que le gouvernement poursuive son programme d'énergie nucléaire.
5. Ils faut qu'ils comprennent que les risques sont minimes.

3 Travail oral

Students prepare an oral presentation on a visual stimulus. The suggested role play can lead into a full class discussion and debate.

4 Travail écrit

SUGGESTED ANSWERS

1. L'énergie est devenue une préoccupation car sa production pollue l'environnement.

2. L'énergie nucléaire n'émet pas de gaz à effet de serre.
3. La France est devenue un des pays industrialisés où l'atmosphère est moins polluée par la production d'énergie.

4–5 [opinion personnelle]

5 Travail de recherche

Students visit the EDF website.

6 Activité de lecture

Students read information about nuclear energy across Europe.

7 Exercice de compréhension

Students correct false statements.

ANSWERS

1. Seulement 27% de l'électricité en Angleterre vient des centrales nucléaires.
2. La France a l'atmosphère la moins polluée de l'Europe grâce à l'énergie nucléaire.
3. Golfech, par exemple, est en pleine campagne.
4. Les Tarn et Garonnais sont bien conscients des dangers.
5. La rénovation des villages est une forme de compensation.

Thème G: Les maladies

1 Activité de lecture

Students read about the repercussions of the nuclear disaster at Tchernobyl.

2 Travail écrit

Students are required to identify information from the text and to consider their personal reaction to the facts.

SUGGESTED ANSWERS

1. Le dernier réacteur a été fermé … Cela semble longtemps après la catastrophe.
2. Les ouvriers ne veulent pas que le réacteur soit arrêté. C'est étonnant dans un sens, étant donné le risque pour leur santé.
3. 600 000 personnes sont intervenues. Il fallait énormément de personnel parce que personne ne pouvait y rester à long terme.
4. Beaucoup d'entre eux souffrent de la leucémie. Il est probable que les consignes de sécurité n'ont pas été respectées.

5. La France a été touchée par la catastrophe. On se demande si l'Angleterre a été atteinte aussi.

3 Travail d'écoute

Vrai, faux ou pas mentionné.
ANSWERS
1V; 2V; 3?; 4F; 5V; 6?; 7?; 8F; 9V; 10V

4 Activité de lecture et de compréhension

Students read a list of ten plagues affecting the planet. Students match detailed information to one of the plagues mentioned in the text.
ANSWERS
1d; 2e; 3h; 4g ; 5a; 6i; 7b; 8j; 9f; 10c

Thème H: Les Verts

1 Activité de lecture

Students read part of a PowerPoint presentation on the Green party.

2 Exercice de compréhension

SUGGESTED ANSWERS
1. L'accident a interpellé les gens. C'était le début d'un grand changement dans les attitudes.
2. On a diffusé une série de documentaires sur les problèmes écologiques.
3. Ils ont gagné 9,7% des votes aux élections européennes de 1999.
4. Non, elle touche la vie quotidienne.
5. Ça ne coûte rien de surveiller sa consommation d'eau. Les produits biologiques coûtent cher.

3 Travail oral

Students prepare a commentary for part of a PowerPoint presentation.

4 Activité de lecture et travail écrit

Students prepare the text for a website ...

5 Travail de recherche

... and then compare it to the real thing!

6 On s'entraîne

1. De ces deux livres, celui-là est en Français et celui-ci est en anglais.
2. Ne fais pas ça!
3. Je dirai ceci: les Verts n'accepteront pas de compromis.

4. Ils travaillent pour notre sécurité – et celle de nos enfants.
5. Les idées des Verts sont plus radicales que celles d'autres partis.

7 Exercice de lecture et de compréhension

Students match a comment to a category of voter.
ANSWERS
1. étudiant; **2.** agriculteur; **3.** retraité; **4.** ouvrier; **5.** chômeur

Thème I: Alternatives

1 Activité de lecture

Students read about an ecology project in le Larzac.

2 Activité de compréhension

A true/false exercise.
ANSWERS
1F; 2F; 3V; 4?; 5V; 6V; 7F; 8F; 9F; 10V

3 Travail écrit

Students write a letter to the Préfet de l'Aveyron.

Remind students about the layout, style and register of formal letters.

4 Travail d'écoute

Students identify the order in which they hear:

explication; suggestion; souci (faune); souci (sites historiques); critique; raisonnement.

5 On s'entraîne

Students identify elements of grammar:
ANSWERS

Adjectives: *insupportable; convenable; naturel*
Reflexives: *s'isoler; s'éloigner*
Infinitives: *habiter; défigurer; remplacer*
Negatives: *ne. . .pas; ne. . .jamais*
Verbs which appear twice: *penser; falloir*

6 Travail oral

Students prepare a presentation from a visual stimulus.

Unit 8: Le riche et le pauvre

Thème A: L'argent

1 Activité de lecture et de compréhension

A reading activity and gap fill exercise on the salaries of the stars.

ANSWERS

1. vedettes; 2. sportifs; 3. ceux; 4. perplexes;
5. normal; 6. quelques; 7. être; 8. gagne;
9. salariés; 10. footballeur; 11. pilote;
12. inégalités; 13. avantages; 14. contrats;
15. gagné; 16. écarts; 17. médiatisation;
18. mondialisation; 19. accentuer; 20. égard.

2 Travail écrit

A text comprehension exercise.

SUGGESTED ANSWERS

1. Les Français trouvent ces salaires incompréhensibles.
2. Le texte suggère plutôt que les vedettes de cinéma s'amusent.
3. C'est un pilote de Formule 1.
4. Les footballeurs touchent de gros salaires parce que leur sport est le plus médiatisé.
5. C'est une forme de salaire ou de récompense autre que de l'argent.

3 Travail oral

Students do a brainstorming session in pairs to find reasons to justify stars' salaries. They then present their arguments to the other members of the class.

4 On s'entraîne

SUGGESTED ANSWERS

1. La voiture dans laquelle il a gagné la course de Formule 1 va être vendue.
2. Il y a travaillé pendants trois mois au bout desquels il se sentait très fatigué.
3. Les termes du contrat auquel je fais référence sont très favorables.
4. L'équipe pour laquelle il jouait l'année dernière a gagné la coupe.
5. Le collègue avec lequel je travaille gagne plus que moi.

5 Travail d'écoute

ANSWERS

(a) Comprehension

1. Le Loto ressemble à une drogue.
2. Ils y jouent parce qu'ils sont accrochés comme des drogués.
3. Il aimerait avoir de petits prix au lieu des grosses sommes.
4. On peut choisir les chiffres selon les activités de la journée.
5. Ça le met de bonne humeur pour la semaine.

(b) Retranslation

1. Ils ne seraient pas contents d'en manquer une.
2. Tout sera différent pour eux.
3. C'est un jeu qui ne revient pas cher.
4. Ça ne vous engage à rien.
5. Personne ne t'oblige à le faire.

Thème B: Exploitation

1 Activité de lecture

SUGGESTED ANSWERS

1. Elle croit éviter ainsi l'exploitation de la force ouvrière au Tiers Monde.
2. Les enfants ne peuvent pas poursuivre leurs études car ils doivent aller travailler à l'usine.
3. Les usines sont souvent malsaines, dangereuses et insalubres.
4. On le remplace parce que l'homme est considéré comme un outil de production.
5. Elle est dégoûtée par cet écart.

2 Exercice de vocabulaire

ANSWERS

(a) Retranslation:
1. la force ouvrière; 2. s'user; 3. minable
4. faramineux/euse; 5. ça m'attriste

(b) Students research the cognate noun from given adjectives:
1. le nationalisme; 2. l'immensité; 3. la hauteur
4. le danger; 5. la jeunesse; 6. la (mauvaise) santé

3 Activité de lecture

A text about Nike which informs the remaining exercises on this spread.

4 Travail oral

A brainstorming activity in which students work in small groups to compile a mini-dossier on Nike.

5 Travail écrit

SUGGESTED ANSWERS

1. Nike a réussi à cacher ses activités au Vietnam en utilisant des sous-traitants anonymes.
2. La réponse de Nike est peut-être positive à court terme, mais l'idée d'un prêt est problématique: cela risque de créer une dépendance.

6 Travail oral

Students imagine the life of a Vietnamese worker for an oral presentation. For extension work this can usefully be set as a written assignment.

Thème C: Le commerce équitable

1 Travail d'écoute

ANSWERS

(a) Comprehension with answers in English.
The four main problems are:
> International competition
> The fluctuation of market prices
> The profit taken by the middle men
> The lack of capital to invest.
(b) True, false or not mentioned in the text.
1F; 2V; 3V; 4V; 5V; 6V; 7?; 8?
(c) Comprehension with answers in French.
> un commerce équitable, moins de précarité, un développement durable en préservant l'environnement.
> le café, le thé, le chocolat, le sucre, le miel, le jus d'orange et les bananes.

2 Activité de lecture

A practical example of how fair trade works.

3 Exercice de compréhension

Students link statements of the advantages to particular terms of the contract.
ANSWERS
1d; 2a; 3c; 4b; 5e

4 Travail oral

This role play provides a good opportunity to practise the subjunctive, using the *il faut + subjunctive* construction.

5 Travail écrit

Students write longer answers to questions which sum up the main arguments.

Thème D: La pauvreté en France

1 Activité de lecture

This text introduces the notion of poverty in France and gives details of government allowances to different groups of people.

2 Travail écrit

Encourage students to think through the implications of some of the statistics and comparisons given before answering the questions.
SUGGESTED ANSWERS
Answers should expand on the following points:
1. Il y a peu de gens 'pauvres' aux Pays-Bas.
2. Même si les États-Unis est un pays riche, il y a beaucoup de pauvres à cause du gros écart entre les salaires. Certains Américains sont richissimes; d'autres touchent trois fois rien.
3. La famille offre un soutien important.
4. Les plus vulnérables sont ceux qui sont coupés du réseau familial.
5. L'État français distribue des allocations à ceux qui sont dans le besoin dans toute une gamme de circonstances, mais il est dur de vivre de 39 francs par jour.

3 Exercice de compréhension

Students read about different circumstances and calculate the monthly allowance received.
ANSWERS
1. 545€; 2. 978€; 3. 1153€; 4. 481€; 5. 390€

4 Travail d'écoute

SUGGESTED ANSWERS
(a) Students make notes in English.
> He was orphaned at the age of 12; he grew up in an ophanage.
> He took his bac and got a place in an IUT (a University Institute of Technology).
> He can't find a job, even with his qualifications.
> He has learned how to cope. He is determined to find a job.
(b) True, False or Not Mentioned (V, F, ?)
1V; 2?; 3F; 4V; 5F
(c) Retranslation
1. Je n'ai pas eu de chance.
2. J'ai réussi mon examen.
3. J'ai l'emprunt à rembourser.
4. Je touche le RMI.

5. Cela me permet de survivre.

Thème E: Point Rencontre

1 Activité de lecture et de compréhension

SUGGESTED ANSWERS

1. Yannick ne fait pas de bénévolat. Il est payé par les services sociaux.
2. Il veut vérifier qu'ils aillent à l'école.
3. Ils sont sans revenus parce que le père est au chômage.
4. Il aime aider et soulager les gens – même si cela ne dure pas très longtemps.
5. La bureaucratie ne lui plaît pas; ça l'agace de passer son temps à remplir des papiers.

2 Exercice de vocabulaire

Students find words in the text to match given definitions.

ANSWERS

1. varié; 2. dépanner; 3. illettré;
4. la paperasse; 5. momentané

3 Travail oral

Students prepare an oral presentation on a visual stimulus. They may need some help with the pun on the word *bosse*.

4 Exercice d'écoute

ANSWERS

(a)
1. Je peux rien y faire.
2. Je ne suis pas le seul.
3. mon HLM
4. on est crado
5. J'avais du boulot à l'usine
6. Mon père dit que je suis un fils indigne
7. C'était un rigolo, Malik.
8. Mais les gens bien s'en fichent.
9. J'en ai ras-le-bol de la Défense. Ça pue.
10. Vaut mieux crever comme Malik.
(b) Students practise writing in the 3rd person and 'translating' slang into more formal language.

5 Travail écrit

This exercise gives students the opportunity to think of possible solutions to the problems of the *banlieues* in Paris.

Thème F: Les associations bénévoles

1 Activité de lecture

Facts and figures on Restos du Cœur.

2 Exercice de compréhension

SUGGESTED ANSWERS

1. Coluche était célèbre, populaire et avaient beaucoup d'amis aisés.
2. L'organisation est financée par des fonds européens et par des dons de particuliers. En plus, les *Enfoirés* génèrent beaucoup d'argent pour les Restos du Cœur.
3. C'est de distribuer des repas à ceux qui ont faim.
4. Leur travail s'est diversifié: maintenant ils organisent, entre autres, des logements pour les sans abris.
5. L'organisation a eu un succès remarquable: en 2000/2001, 58 millions de repas ont été distribués.
6. La gestion des fonds est exemplaire: moins de 10% de leurs fonds sont pris pour l'administration.

3 Travail oral

A role play in which students take the part of Coluche at a press conference launching Restos du Cœur. It may be helpful to revise expressions and constructions used to persuade.

4 On s'entraîne

ANSWERS

(a) Translation
1. Qu'est-ce qui vous a inspiré à créer Restos du Cœur?
2. Qu'est-ce que vous voulez changez?
3. Qu'est-ce qui vous inquiète le plus dans la société actuelle?
4. Qu'est-ce que vous espérez accomplir pendant les douze premiers mois?
5. Qu'est-ce qui se passe au niveau gouvernemental?
(b) Students invent questions to ask Coluche.

5 Travail d'écoute

ANSWERS

(a) **Martine**
1. Autrefois, elle travaillait dans une entreprise de marketing.

2. Elle gagnait 30 mille francs par mois.
3. Elle a été licenciée.
4. Elle donnait des cours: elle leur apprenait à lire et à écrire.
5. Elle fait du bénévole pour Restos du Cœur.
6. C'est sans hiérarchie, c'est simple et c'est humain.
7. On a distribué plus d'un million de repas.
8. La pauvreté.
9. Ils sont maigres, sales et affamés.
10. La vraie politique, c'est de soulager les gens qui sont dans le besoin.

(b) Jeanne
Students identify nine words that are different from their version of the transcript:
m'inquiéter *travailler;* accusée *arrêtée;* sans avertissement *subitement;* toxicomane *droguée;* odeurs *ordres;* catastrophe *horreur;* rentrée *sortie;* retourner *aller;* prisonniers *détenus*

Thème G: Les sans travail

1 Travail oral

Students work with a partner to analyse a photo-advertisement. The prompt questions can be used for extension work in writing.

2 Travail écrit

A piece of creative writing. Students imagine a day in the life of the person pictured.

3 On s'entraîne

ANSWERS
(a)
1. Il ne faut jamais abandonner les sans-abris.
2. Personne ne s'arrête pour lui parler.
3. Il n'a reçu que six euros par jour lorsqu'il était au chômage.
4. Rien n'est impossible.
5. Je ne m'en suis rendu compte que quand je suis arrivé à la maison!

(b)
1. Je n'en ai plus.
2. Je ne suis rentré que très tard.
3. Je n'y vais jamais le soir.
4. Je ne connais personne.
5. Je n'ai fini que la moitié.

4 Travail écrit

Students translate the text of the advert into English.

5 Travail oral

Students work in pairs to elaborate a structured role-play dialogue.

Thème H: L'exode rural

1 Activité de lecture

A text which introduces the idea of the depopulation of the countryside.

2 Exercice de vocabulaire

Students find a word or phrase in the text which justifies given statements.
ANSWERS
1. . . . elle n'est pas nouvelle
2. avide de soleil et de nature.
3. . . . qui achètent pour trois fois rien
4. une misérable retraite
5. à contre cœur

3 Exercice de compréhension

ANSWERS
1. Il y avait, un moment donné, un boulanger, une poste, un curé et même une école.
2. Actuellement des Nordiques y habitent.
3. L'agriculture a changé: on favorise de grandes fermes techniques maintenant.
4. Ils ont reçu une meilleure éducation que leurs parents.
5. Cela veut dire qu'il n'y a plus de boulanger.

4 Travail oral

Students should use vocabulary and ideas from the text in exercise 1, as well as their own imaginations!

5 Travail d'écoute

ANSWERS
(a) Comprehension
1. Elle avait l'impression de travailler uniquement pour pouvoir se payer des vacances.
2. Elle tient des chambres d'hôte.
3. Il est informaticien.
4. C'est lui-même. Il est si différent des gens locaux.
5. En ville, il avait l'impression de voler l'enfance de ses enfants.

(b) Students identify the speaker:
1. Olivier; **2.** Marie; **3.** Olivier; **4.** Francis; **5.** Marie

6 Travail oral

Students prepare an oral presentation based on a visual stimulus. The prompt questions can be set as a written assignment for extension work.

Thème I: La vieillesse

1 Activité de lecture et de compréhension

SUGGESTED ANSWERS

1. Il y a de plus en plus de vieux tout simplement parce qu'on vit plus longtemps.
2. Dans une société qui vénère la jeunesse, le terme 'vieux' peut sembler péjoratif.
3. Le mot 'ancien' semble indiquer quelque chose qui n'est plus à la mode.
4. Le mot 'senior' est associé aux techniques de marketing.
5. Quand une personne âgée ne dispose pas d'argent, elle devient alors anonyme.

2 Travail oral

A brainstorming activity. Students initially work in pairs, but can of course be extended to a class discussion.

3 Travail écrit

Students write an analysis of a cartoon. It may be helpful to make sure they understand the significance of the term 'bac + 20'.

4 Activité de lecture

Students read this personal account.

5 Travail écrit

This gives students the opportunity to use the conditional perfect in a creative writing exercise.

6 On s'entraîne

(a) This exercise further exploits the text in exercise 4.
(b) More practise of the conditional perfect.

SUGGESTED ANSWERS

1. Ils auraient dû vérifier auparavant.
2. Je t'aurais aidé.
3. C'était fantastique! Tu aurais dû venir.
4. Elle avait des dettes, mais je les aurais payées.
5. Je les aurais oubliés.

Assessment Answers: Units 7 & 8

Part A

1a

1. On mange des produits transgéniques.
2. D'autres céréales sont plus modifiées que le blé.
3. Il veut savoir ce qu'il y a dans son assiette.
4. Il est terrorisé par l'idée que personne ne réglemente les OGM.
5. Il pense que trop de gens profitent du marché dans les OGM.

1b passion; crue, étaler, biodégradable.
1c 1F, 2V, 3F, 4?, 5F, 6V

Part B

1

1. La production de l'énergie éolienne a augmenté de 31%.
2. Ce n'est pas cher à produire.
3. L'énergie à base de charbon est en train de diminuer.
4. Les Danois produisent presque 20% de leur énergie avec des éoliennes.
5. L'Angleterre est le pays avec le plus grand potentiel en énergie éolienne, mais on en produit très peu par rapport à d'autres pays.
6. Le gouvernement a accepté de vendre des baux de côtes maritimes pour en encourager la production.
7. Le meilleur endroit pour des éoliennes est au bord de la mer.
8. L'Europe a le potentiel de produire toute l'énergie dont elle a besoin.

2 Last year, the global wind electricity production increased by 31%. It is thus becoming the fastest developping energy. Wind is the cheapest method of producing energy. At the moment, 23 300 megawatts are produced in the world. This is enough energy for 23 million people. Since 1995, coal production has gone down by 9%. Wind energy production has been multiplied by five.

Unit 9: Santé physique, santé morale

Thème A: Les Français et la médecine

1 Activité de lecture et de compréhension

Students match the beginning and ends of phrases.

ANSWERS

1G; 2J; 3A; 4B; 5I; 6C; 7D; 8E; 9F; 10H

2 Activité de lecture et travail écrit

SUGGESTED ANSWERS

1. Les Français ont tendance à aller souvent chez le médecin, parfois pour un rien.
2. Ils appellent les médecins n'importe quand.
3. Il y a deux fois plus de lits disponibles dans les hôpitaux français.
4. 714 francs.
5. 2 407 francs.

3 Travail oral

Students discuss the notion that the French are hypochondriacs.

4 Travail d'écoute

SUGGESTED ANSWERS

(a) Michel

Les riches vont faire des cures; sont tout le temps chez le spécialiste; et se paient la chirurgie esthétique.

Les plus pauvres doivent réfléchir avant d'aller voir le médecin. Pour eux, c'est le strict nécessaire.

(b) Omar

1F; 2V; 3?; 4V; 5F

Thème B: La cigarette meurtrière

1 Activité de lecture

An introduction to the reasons why people smoke.

2 Activité de compréhension

Students match names to the reasons given in activité 1.

ANSWERS

Martine 3; Jean-François 10; Chloë 5; Fabrice 4; Xavier 7; Ève 2; Fabienne 6; Benjamin 1; Mylène 8; Olivier 9.

3 Travail oral

A free role-play in which pairs of students question or justify smoking.

4 Activité de lecture et travail écrit

SUGGESTED ANSWERS

1. Ils refusaient d'admettre que la nicotine était une drogue.
2. Au contraire: ils manipulaient le tabac génétiquement pour augmenter la dépendance des consommateurs.
3. Une lutte juridique entre 39 états américains et les géants du tabac.
4. L'ajout de l'ammoniaque accroît la proportion de nicotine libre; c'est la nicotine qui provoque la dépendance.
5. Rien ne les arrête – même le fait que 4 millions de personnes meurent chaque année à cause de la cigarette.

5 Travail d'écoute

> He uses mild tobacco; a packet lasts a week.
> He could roll cigarettes with his eyes closed.
> He knows it's dangerous, but he likes to smoke a cigarette after a meal and finds it sociable with his friends.
> A cigarette relaxes him.
> He realises that he is quickly breathless and can't run like he used to.
> Nicotine patches.
> He has bought a stock of patches and has asked his friends and parents to support him.

6 Travail oral

Students work in groups to classify problems associated with smoking. They should be encouraged to explain their decisions.

7 Travail écrit

The essay title allows students to use the various resources on the spread to inform their essay.

Thème C: L'alcool: Sachez consommer avec modération!

1 Activité de lecture et travail écrit

1. On boit pour faire la fête, pour être

convivial. Un verre de vin accompagne bien un repas.

2. De nos jours on recherche tout simplement l'ivresse.

3. La capacité de boire est une marque de virilité.

② Exercice de compréhension

Students match key phrases from the text with statements from young people.

ANSWERS

1D; 2C; 3E; 4A; 5F; 6B

③ Travail d'écoute

ANSWERS

(a) Christophe

Students indicate the order in which statements are heard.

make a break; escape; ice-breaker; release anxiety; out of shell

(b) Gina

1. Ça fait du bien à l'estomac. Ça protège contre certaines bactéries.

2. Dans le domaine des maladies du foie.

3. Elle boit pour ne pas vexer des gens qui l'invitent (à manger chez eux).

4. Les mauvaises excuses pour l'abus de l'alcool.

④ Travail oral

Students work in pairs to prepare an an argument for or against changing the status of alcohol as a drug.

⑤ Travail écrit

Students analyse a young person's subjective response to alcohol.

Thème D: Les dupes de la dope

① Activité de lecture

Students match the beginning and end of words or phrases.

ANSWERS

À cause de la pression . . . des pairs

Par dé . . . fi

Par cur . . . iosité

Pour faire . . . comme les autres

À cause de l'attrait . . . du fruit défendu

Pour s'éc . . . later

Pour fri . . . mer

Pour différer . . . les problèmes

Pour échapper . . . aux contraintes de la vie de tous les jours

À cause d'une dépendance . . . physique ou psychologique

Pour éprouver des sensations fortes

② Activité de lecture et de compréhension

ANSWERS

1c; 2a; 3b; 4a; 5a

③ Travail écrit

ANSWERS

1. consomment; 2. régulièrement; 3. garçons; 4. travaillent; 5. éducation; 6. ecstasy; 7. augmenter; 8. jeunes; 9. adultes; 10. femmes

④ Travail oral

A brainstorming exercise to find the consequences of taking drugs. Encourage students to organise their ideas: the consequences on the individual, the family and on society in general for example.

⑤ Travail d'écoute

Students identify the category of person from the statements they hear.

ANSWERS

1. artiste; 2. sportif; 3. déprimé; 4. cadre; 5. amant

⑥ Travail de recherche

An excellent website. For extension work, students can prepare a presentation (oral or written) on their findings.

Thème E: Point Rencontre

① Activité de lecture et de compréhension

Students choose a phrase to fill in the gaps in the text.

ANSWERS

1c; 2f; 3a; 4d; 5b; 6e

② Exercice de vocabulaire

ANSWERS

1. exprimer; 2. certaines sont évidentes; 3. le but de la greffe; 4. pendant son vivant; 5. une approche plus sensible; 6. le défunt; 7. mort encéphalique; 8. faire connaître

3 Travail d'écoute

Students make notes in English.

ANSWERS

> In the second half of the twentieth century.
> There was a reluctance to make profit from the human body.
> The Catholic Church accepts that a person may choose to donate an organ of their own free will.
> Somone who is maintained alive artificially when the brain is no longer functioning.
> The number of road accidents has decreased.
> You must inform the National Register of your refusal to donate organs.

4 Travail oral

Students analyse the choice of book cover.

5 On s'entraîne

ANSWERS

1. Ils m'ont fait attendre pendant des heures.
2. Faites-les entrer.
3. Il m'a fait savoir que je n'étais pas le bienvenu.
4. Est-ce que vous pensez qu'on devrait faire venir le médecin?
5. Fais voir ta cicatrice!

6 Travail écrit

Encourage students to consider both sides of the argument in their essay before coming to a conclusion.

Thème F: Le sida

1 Activité de lecture et travail écrit

Students read and translate a brochure on AIDS.

2 Activité de lecture

A second short text outlining the government's current response to AIDS.

3 Exercice de compréhension

ANSWERS

(a) Vocabulary

1. destiné; 2. préoccupations; 3. indifférence; 4. mérite; 5. ignorer

(b) Comprehension questions

1. On a tendance à sousestimer la maladie. Certains pensent même qu'elle est guérissable.

2. Le gouvernement consacre un budget important à une campagne d'informations.

4 Travail oral

Students choose which of four postcard designs is the most effective. They must justify their decision to other members of the class.

5 Travail d'écoute

ANSWERS

1. c; 2. b; 3. a; 4. b; 5. c

6 Activité de lecture

Students read a rap written by young people and answer questions. For extension work, students could attempt to write their own rap on AIDS (or another topic in this unit).

SUGGESTED ANSWERS

1. Ils veulent: distribuer des capotes; chanter contre les MST; écrire des poèmes dédiés aux sidaïques; construire des hôpitaux; sauver l'humanité.

2. Ils vont passer le bac d'abord, avant de passer à l'action.

Thème G: Le sang contaminé

1 Activité de lecture

A chronological account of the events in the 1980s and 1990s known as 'l'Affaire du sang contaminé'.

2 Travail écrit

Students write an assessment of the extent to which those responsible were at fault.

3 On s'entraîne

ANSWERS

a éclaté; a découvert; donnaient; n'utilisait pas; il y avait; l'a signalé n'a pas interdit; n'était pas; savait; contenaient; les a répandus

4 Exercice d'écoute

ANSWERS

(a) Students put the events into sequence:

G, B, E, F, A, C, D

(b) Comprehension

1. Depuis l'âge de 18 ans.
2. Le repas gratuit à la fin.
3. Des études d'infirmière.

4. Pour ceux qui font de la chimiothérapie; pour les hémophiles; pour les grands brûlés.
5. Au moins deux fois par an.
6. Elle encourage d'autres gens à donner du sang aussi.
7. 1 600 000

5 Travail oral

A role-play in which students respond to questions about the process of giving blood.

The prompt questions can be used as a written assignment for extension work.

SUGGESTED ANSWERS

> Les produits sanguins sont nécessaires pour traiter bien des maladies. Rien ne saurait remplacer le sang humain à l'heure actuelle.
> Il faut avoir dix-huit ans et être en bonne santé.
> Les risques sont négligeables parce que tout se passe dans les meilleures conditions d'hygiène.
> On décide si vous êtes apte au don. On prélève votre sang et on effectue par la suite des tests pour dépister des maladies transmissibles par le sang.
> À condition d'avoir dix-huit ans, vous pouvez donner du sang. Mais il faut être en bonne santé.
> L'Établissement Français du Sang.

Thème H: Les médicaments: Un pas dans le bon sens?

1 Travail d'écoute

ANSWERS

1. Ils lui téléphonent pour fixer un rendez-vous avec le médecin pour vendre leurs produits pharmaceutiques.
2. Ils veulent que les médecins prescrivent leurs médicaments à autant de malades que possible.
3. Ils offrent des primes et des avantages en nature.
4. Une fois un représentant a offert d'acheter de nouveaux pneus au médecin.
5. Il est plutôt honnête.
6. Elle dit qu'il y en a qui sont corrompus.

2 Activité de lecture

Students read about a campaign to make doctors use more generic (rather than brand-name) drugs.

3 Exercice de compréhension

Students find answers in the text to allay the fears or answer the questions.

SUGGESTED ANSWERS

1. Le générique est aussi efficace que le médicament dont il est la copie exacte.
2. Pas encore. Certaines drogues sont toujours brevetées.
3. On peut changer de médicament et prendre des génériques même si on est au milieu d'un long traitement.
4. Le générique fait objet des mêmes contrôles.
5. Sur la boîte, on trouve la mention 'Gé' avec un nom de marque ou de la molécule.
6. Oui, parce qu'on obtient les génériques sur ordonnance, comme tout autre médicament.
7. Les génériques reviennent beaucoup moins cher à la Sécurité Sociale, sans compromettre le traitement du malade.
8. Le prix des génériques ne comprend pas les frais de recherche ni de développement de l'original.

4 Travail oral

A free role-play between a doctor and a pharmaceutical rep. Encourage students to use the information about generic medicines from the text.

5 On s'entraîne

SUGGESTED ANSWERS

1. Le médecin lui a conseillé de prendre des antibiotiques pendant quinze jours.
2. Elle lui a demandé de rappeler le lendemain.
3. J'ai promis au docteur de faire plus d'exercice.
4. Il a dit au représentant qu'il ne s'intéressait pas à ses offres.
5. Il a permis à Simon d'y aller.

6 Travail oral

A free role-play from a visual stimulus. Students have to explain the threat that is posed by the overuse of antibiotics.

Thème I: Droit à la vie, droit à la mort

1 Activité de lecture

Students read an interview with a doctor about proposed changes to the law on abortion.

2 Travail écrit

SUGGESTED ANSWERS

1. On propose d'allonger la limite de temps légale pour avorter.
2. La différence la plus importante, c'est qu'on peut détecter les malformations à douze semaines.
3. C'est la peur qui influence bien des femmes à se débarrasser du bébé.
4. On choisit un avortement parce que le foetus n'est pas du sexe désiré ou parce qu'il y a une malformation quelconque: voilà une forme d'eugénisme.
5. L'IVG dépend de la volonté des parents; l'IMG se pratique pour des raisons médicales.

3 Travail oral

Students present their opinions in a free role-play presentation on abortion.

4 Travail d'écoute

ANSWERS

(a) Students decide whether given statements are true (V) or false (F) or whether the relevant information is not mentioned (?).

1F, 2?, 3?, 4V, 5F, 6F

(b) Students give answers in French.

1. La bouche, le nez et le palais
2. Le bec de lièvre

5 Activité de lecture

Students read a brief article about euthanasia.

6 Exercice de compréhension

Students find a phrase in the text to support the given statements.

SUGGESTED ANSWERS

1. Le débat s'est renouvelé *or* . . . a fait la une des journaux.
2. À trente reprises
3. On le voit aussi chez des gens plus jeunes.
4. Une personne fait normalement partie d'un groupe.
5. La personne qui pratique l'euthanasie . . . est condamnable.

7 Travail écrit

Students write an essay on euthanasia. They should be encouraged to consider both sides of the argument before arriving at a conclusion.

Unit 10: La France: Terre d'accueil

Thème A: Racisme: Un mal, des mots

1 Travail d'écoute

Students match terms to definitions.

ANSWERS

1. ratonnade; **2.** xénophobie; **3.** antisémitisme
4. ethnie; **5.** racisme; **6.** eugénisme

2 Activité de lecture

Students read a text which traces the origins of racism.

3 Exercice de compréhension

Students find a short phrase in the text which corresponds to given assertions.

ANSWERS

1. . . . sous toutes ses formes
2. un succès planétaire
3. une notion récente
4. une hiérarchie
5. supposée

4 Travail écrit

SUGGESTED ANSWERS

1. L'existence du racisme est profondément ironique dans la mesure où les races elles-mêmes n'existent pas selon les scientifiques.
2. À l'époque, les principes du racisme semblaient être soutenus par la science.
3. À la différence du classement des animaux, le classement des humains se fait aux plans intellectuel, social et culturel.
4. Ce classement semble légitimer l'idée de l'esclavage ou celle de la purification ethnique.

5 Travail oral

Students analyse a quotation from Le Pen.

It seems, at one level, simple common sense, but the statement sets up the same sort of hierarchy which underpins racist thought.

6 On s'entraîne

SUGGESTED ANSWERS

1. Il sait mieux que toi.

2. Je n'ai pas l'occasion de les voir aussi souvent que je (le) voudrais.
3. Il travaille beaucoup, mais je pense que je travaille plus.
4. On le voit mieux de la fenêtre de la chambre.
5. Elle gagne le plus.

7 Travail oral

Students are invited to make an oral presentation, analysing a quotation from Einstein. The questions suggest an appropriate structure (and can be used as a written assignment for extension work).

SUGGESTED ANSWERS
> Einstein était un grand scientifique du vingtième siècle.
> La relativité était une théorie scientifique qui a révolutionné notre façon de penser.
> Son droit d'appartenir dépend de son succès.
> Les étiquettes ne changent rien à la valeur de sa recherche.
> Si la relativité se révèle fausse, alors on n'a pas besoin de lui montrer du respect.
> Les gens sont égoïstes et cherchent à se valoriser.

Thème B: Discrimination à l'école et au travail

1 Activité de lecture

Students read a text explaining how racism can become institutionalised at school.

2 Exercice de lecture et de compréhension

Students identify who is talking and justify their decision with a phrase from the text.

ANSWERS
1. Monsieur Simon: 'Le chef d'établissement s'exécute.'
2. Thérèse: 'Ils finissent par la (l'école) rejetter.'
3. Monsieur Babiole: 'Les enfants intègrent l'idée qu'ils sont mauvais.'
4. Monsieur Dupont: 'Les parents refusent que leurs enfants soient mélangés avec les enfants des quartiers.'
5. Monsieur Boutonnet: 'Les enseignants veulent de bonnes classes.'
6. Anne-Laure: 'Les garçons d'origine maghrébine peuplent les mauvaises classes.'

3 Activité de lecture et travail oral

Students devise a role-play based on a short text.

4 Travail écrit

Students write a paragraph of analysis on a job advert. The term 'bleu-blanc-rouge' implies that applicants have to be of French origin and is therefore implicitly racist.

5 Travail d'écoute

MRAP = le mouvement contre le racisme, l'antisémitisme et pour l'amitié entre les peuples
ANPE = Agence Nationale pour L'Emploi
ASSEDIC = Association pour l'Emploi Dans l'Industrie et le Commerce
Students indicate whether the statements refer to Me Seban (S), Me Noël (N) or neither of them (X).

ANSWERS
1S, 2N, 3S, 4X, 5N, 6X, 7S, 8N, 9N, 10X.

6 Travail oral

Students prepare an oral presentation from a visual stimulus.

Thème C: Les hauts et les bas du Front National

1 Activité de lecture et travail écrit

SUGGESTED ANSWERS
1. En 1995, trois villes ont élu un Maire appartenant au Front National.
2. Le FN veut garder une France blanche, épurée de toute contamination extérieure.
3. L'insécurité pendant les années 90 a favorisé le FN. Aux moments de crise, les immigrés deviennent facilement un bouc émissaire.
4. La Coupe du Monde a montré que des gens de toutes les couleurs arrivent à travailler ensemble en équipe. Un Maghrébin est devenu un héro national.
5. Une division entre les dirigeants du parti a provoqué cette chute de popularité.

2 Travail oral

Students prepare a role-play where one of the interlocutors is at first convinced of the logic of the slogan 'Trois millions d'étrangers, trois millions de chômeurs'. The other must convince him of the faults in this logic.

3 Travail de recherche

Students visit the FN's website and prepare a presentation on the latest developments.

4 Travail d'écoute

Students match a printed statement to a speaker.

ANSWERS

1. Danièle; **2.** Albert; **3.** Laure; **4.** Danièle; **5.** Sylvain; **6.** Véro; **7.** André; **8.** Véro; **9.** André; **10.** Albert.

5 Travail oral

Students analyse an advert for the Fédération internationale des droits de l'homme and then have to explain what the FIDH is in 60 seconds.

6 Travail écrit

Encourage students to use the information from the first three spreads of this unit in writing this essay.

Thème D: Apartheid à la française

1 Activité de lecture

Students read an account of voluntary work done under the auspices of SOS Racisme.

2 Travail écrit

Students write a letter of complaint to a landlord whose actions suggest racial discrimination.

3 Travail oral

Students prepare an oral presentation based on a visual stimulus.

4 Exercice de compréhension

From the given chronology, students match the listed events to dates.

ANSWERS

1. février 1985; **2.** avril 97; **3.** octobre 98 **4.** mars 97; **5.** juin 99; **6.** octobre 84 **7.** août 96; **8.** mars 98; **9.** septembre 98 **10.** mai 98

5 On s'entraîne

An exercise to revise the perfect passive.

ANSWERS

1. L'Association SOS Racisme a été créée.
2. South Africa Airlines ont été envahis.
3. L'Année Européenne contre le racisme a été ouverte.

4. Une pétition nationale a été lancée.
5. Le livre *Un apartheid à la française* a été publié.
6. Fodé Sylla a été élu au Parlement Européen.

6 On s'entraîne

SUGGESTED ANSWERS

1. Mes parents sont d'origine italienne. Et les tiens?
2. Leur culture est très différente de la nôtre.
3. C'était l'idée de qui? C'était la leur.
4. Mon accent n'est pas très authentique. Le sien est presque parfait.
5. J'aimerais un travail comme le tien. Le mien est ennuyeux!

Thème E: Un bon accueil pour l'étranger?

1 Activité de lecture et de compréhension

SUGGESTED ANSWERS

1. Ça semblerait naturel parce qu'ils habitent en France depuis des années et participent pleinement aux activités de la communauté.
2. Il n'a pas été honnête dans la mesure où il ne s'est pas pressé pour honorer les promesses de sa campagne électorale.
3. Les Français qui veulent donner le droit de vote aux étrangers sont actuellement majoritaires.
4. Son principe est que les droits devraient correspondre aux devoirs.
5. On a discuté du sujet du droit de vote à l'Assemblée Nationale.

2 Travail oral

Students prepare a role-play between one of Zidane's parents and a worker for *Le Mouvement contre le racisme, l'antisémitisme et pour l'amitié entre les peuples*. The aim of the interview is to heighten awareness of the injustices that exist by using a famous example.

3 Travail d'écoute

Students summarise in English the situation concerning foreigners' right to vote in different European countries.

SUGGESTED ANSWERS

Ireland: The first country to recognise this right (since 1963).

Sweden: Since 1975 foreigners have the right to vote after three years' residence.

Denmark: Same rules as Sweden since 1981.

Holland: Foreigners have right to vote after 5 years' residence.

Finland: After two years' residence in the country, nationals from other Scandinavian states can vote in municipal elections.

Spain and Portugal: Nationals from other countries have the right to vote if Spaniards have the right to vote in their country.

UK: Only those from Commonwealth countries have the right to vote. This has been the state of affairs since 1948.

Belgium and Germany: The right to vote will be accorded soon.

Austria, Greece and Luxembourg: Foreigners do not have the right to vote. No changes in the law are planned.

4 Activité d'écoute et de lecture

Students listen to a Brassens song which treats the theme of welcoming strangers.

5 Travail écrit

ANSWERS

(a) A retranslation exercise:

1. sans façon
2. les gens bien intentionnés
3. Ils m'avaient fermé la porte au nez.
4. me voir jeûner
5. ce n'était rien que ...

(b) Translation into English

The most able students may wish to try to translate a section of the song in verse. In doing so, they will inevitably move further away from a literal translation.

6 Travail oral

This exercise, in which students analyse the song, lends itself to being set as a written assignment. The rubric 'travail oral' signals the importance of prior discussion in class.

Thème F: Les préjugés raciaux

1 Activité de lecture

Students read a brief introduction to Etcherelli's book *Elise ou la vraie vie*.

2 Travail oral

A form of interpreting exercise. Students are expected to give an immediate (and therefore unpolished!) translation of the text (1).

3 Activité de lecture

Students read an extract from the novel.

4 Travail oral

Students work with a partner to identify the different forms of prejudice shown in the extract. They should explain and justify their findings to other students in the class.

5 Travail écrit

A piece of creative writing based on the text.

6 On s'entraîne

This exercise encourages students to identify different forms of the past historic.

Thème G: Point Rencontre

1 Travail d'écoute

Students make notes in French under given headings.

SUGGESTED ANSWERS

Camille:

Circonstances en 1962: Il a dû quitter l'Algérie en 1962. Il avait le choix entre l'Espagne et la France à cause des origines de ses parents.

Difficultés: Ils se sont trouvés avec rien. Ils avaient tout laissé en Algérie.

Solutions: Ils ont acheté un commerce (un garage) avec des emprunts du gouvernement.

Mauricette:

Circonstances en 1962: Avec sa famille, elle était déjà en France.

Difficultés: Elle a l'impression de ne pas avoir de véritables racines.

Solutions: Elle essaie de garder un peu de sa culture dans la cuisine.

2 Activité de lecture

Students read an article tracing the way in which the Pieds-Noirs have become integrated into French society over the last 50 years.

3 Travail écrit

SUGGESTED ANSWERS

1. Ils ont dû quitter l'Algérie à la suite de la

guerre d'indépendance qui était parfois brutale et féroce.

2. Ils ont été mal reçus parce que, pour les Français, ils étaient des étrangers.

3. Ils sont partis de rien, alors il leur fallait travailler dur. Ça leur a apporté du succès.

4. Ils ont dû laisser derrière eux toute leur culture, tout un mode de vie.

5. Ils se connaissent dans le sens qu'ils partagent une même histoire, une même culture.

4 On s'entraîne

1. Les enfants me manquent.

2. Mon nouveau poste me plaît énormément.

3. Les plages d'Afrique du Nord leur ont beaucoup plu.

4. Rien ne vous manque?

5. Elle a vendu la voiture. Ça va lui manquer.

5 Travail oral

A free role-play monologue in which students explain what they are missing from life in the colony.

Thème H: Racisme à l'ivoirienne

1 Travail d'écoute

SUGGESTED ANSWERS

(a) Students decide if given statements are *vrai* (V), *faux* (F) or *pas mentionné* (?)

1F, 2V, 3F, 4?, 5V

(b)

1. C'est le risque de la guerre civile.

2. Ils encouragent la haine entre les différents groupes ethniques dans le but d'accéder au pouvoir.

3. Il y a ceux du Nord et ceux qui viennent de la forêt à l'ouest.

4. Celui de la forêt.

5. Ils sont tenus par le pouvoir. Ils pensent plus à leur carrière qu'à la justice.

2 On s'entraîne

Pupils read a text and supply the missing past participles (from a list of infinitives).

ANSWERS

1. entassés; 2. tombés; 3. amenés; 4. fauchés; 5. déroulé; 6. parvenu; 7. eu; 8. été; 9. connue; 10. morts

3 Exercice de compréhension

SUGGESTED ANSWERS

1. Ils ont été massacrés soit à la machette, soit à la mitrailleuse.

2. Les tueurs étaient en uniforme.

3. Il s'est produit dans un faubourg d'Abidjan, capitale de la Côte d'Ivoire. Jusque là, la Côte d'Ivoire avait joui d'une stabilité et prospérité exemplaires.

4. Il a enfin accédé au pouvoir, malgré tous les efforts de son rival.

5. C'est maintenant un pays divisé par la violence.

4 On s'entraîne

ANSWERS

1. La paix dont ils ont tellement besoin est très précaire.

2. L'homme dont la photo apparaît sur cette page est Laurent Gbagbo.

3. Trente personnes ont été tuées, dont cinq femmes.

4. Le Président, dont le palais est somptueux, est socialiste.

5. Le genre de racisme dont nous parlons est difficile à définir.

Thème I: L'Antisémitisme

1 Travail oral

Students analyse a photo showing a queue for an anti-Semitic exhibition (for the purposes of propaganda) in Paris in 1941.

2 Travail d'écoute

SUGGESTED ANSWERS

(a) A retranslation exercise.

1. pleinement visible(s)

2. une cible qui est facile à cerner

3. la couleur de votre peau

4. ça saute aux yeux

5. révélateur d'origines juives

6. d'apparence

7. un ennemi invisible

8. une haine profonde

(b)

1. À la base du racisme il y a l'idée de la différence.

2. La couleur de votre peau; votre façon de parler; votre culture étrangère.

3. On le voit par les habits.
4. Parce qu'on ne remarque pas de différence chez d'autres Juifs.
5. Ils portaient une étoile jaune.
6. C'est une haine profonde qui ne se limite pas aux apparences.

3 Activité de lecture

Students read an extract from Joffo's *Un Sac de Billes*.

4 Travail écrit

SUGGESTED ANSWERS
1. Il était préoccupé par ce qui allait arriver.
2. Elles contenaient tout ce dont les garçons allaient avoir besoin.
3. Elle avait sans doute pleuré.
4. Il essayait de cacher sa peur et sa tristesse.
5. Il allait faire face à la persécution.

5 On s'entraîne

An opportunity to revise the past historic. Students give the equivalent perfect tense form.
ANSWERS
1. il a dû; 2. a-t-il dit; 3. j'ai senti;
4. s'est-il exclamé; 5. nous avons disparu

6 Travail écrit

Students translate into English.
SUGGESTED ANSWER

As for my parents, they remained upstairs. I found out later, when everything was over, that my father had remained standing there, rocking gently on his heels, with his eyes closed, cradling a pain that came from time immemorial.

In that unlit night, in those deserted streets when the curfew was about to sound, we disappeared into the shadows.

It spelt the end of childhood.

Assessment Answers: Units 9 & 10

Part C

1 1F, 2A, 3GB, 4A, 5E.
2 1. xénophobie 2. un autochtone 3. international 4. paisible 5. jumeler
3

1. On a vu une recrudescence de la xénophobie selon l'auteur.
2. Il se méfie des écoles religieuses. Il croit qu'elles représentent un moyen de pratiquer la ségrégation.
3. Il pense que certaines blagues sont une forme de racisme sournois.
4. Il n'est pas entièrement pessimiste dans la mesure où il suggère qu'il est possible de lutter contre le racisme.
5. Les échanges linguistiques et culturels aident la compréhension et le partage.

Section D

1
> Il est demandeur d'asile.
> Kinshassa, c'est la capitale du Zaïre.
> C'est la stabilité qui manque.
> Le pouvoir est acquis par la force.
> Les gens du gouvernement précédent doivent disparaître.

2 1. était 2. voulaient 3. représentait 4. ont arrêtés 5. ont mis

3
1. Les soldats les ont mis dans un camion.
2. Ils avaient l'intention de les tuer.
3. D'autres soldats ont relâché les prisonniers. Ils ne savaient pas pourquoi.
4. Ils sont allé dans un village.
5. Ils avaient besoin de papiers et d'un avion.

Unit 11: L'État et l'individu

Thème A: La girouette politique française

1 Travail d'écoute

Students make notes in French about a range of political parties.

- > Le Parti communiste
- – extrême gauche
- – contre le capitalisme
- – contre la propriété
- – il veut diminuer l'écart entre les riches et les pauvres

- > Les Verts
- – un parti de gauche
- – il veut faire de gros efforts pour l'environnement
- – il veut plus de lois, de structure et de contrôles pour protéger la planète

- > Le Parti Socialiste
- – un grand parti à gauche
- – il accepte le marché capitaliste mais il le veut modéré et juste
- – il insiste sur la répartition des biens

- > L'UDF (L'Union pour la Démocratie Française)
- – à droite
- – un parti centriste et modéré

- > Le RPR (le Rassemblement pour la République)
- – un parti de droite
- – il représente les valeurs traditionnelles
- – en faveur des institutions nationales
- – il faut protéger la France contre les autres

2 Activité de lecture

Students read about political change and 'cohabitation' from 1981 to 2002.

3 Exercice de vocabulaire

Students' attention is drawn to three key political terms:

- > Matignon
- > un septennat
- > la cohabitation

4 Travail écrit

SUGGESTED ANSWERS

1. Ils ont élu un Président de gauche parce qu'il semblait que la droite n'avait pas réussi à garder la crise économique hors des frontières françaises.
2. Le pouvoir était partagé entre un Président de gauche et un Premier Ministre (et une Assemblée Nationale) de droite.
3. Mitterand s'est représenté comme la 'Force Tranquille'. Il prétendait que la gauche était synonyme de stabilité et de tradition.
4. Chirac a promis de réduire la 'fracture sociale'.
5. Il semblait que Chirac n'avait pas tenu sa promesse parce que le taux de chômage était très élevé et d'autres inégalités sociales persistaient aussi.

5 Travail oral

Students read opinions about political 'cohabitation' and prepare an oral presentation on the subject.

6 Travail écrit

The cartoon offers another angle on the problems of 'cohabitation'. After the oral work in exercise 5, students write up their ideas .

7 On s'entraîne

SUGGESTED ANSWERS

1. J'admets avoir cassé la fenêtre.
2. Après avoir voté pour les Travaillistes aux dernières élections, je vais voter pour les Conservateurs la prochaine fois.
3. Après être tombé(e) malade en vacances l'an dernier, j'ai moins envie de quitter la France maintenant.
4. Je suis sûr de m'être appauvri sous ce gouvernement.

Thème B: L'union divisée

1 Activité de lecture

Students match an opinion to a person.
ANSWERS
In order, the opinions belong to:
Bernard, Édouard, Alex, Valérie, Malik.

2 Exercice de vocabulaire

Students find a word in the text to match the given definitions.

ANSWERS

1. les contribuables
2. subventionner
3. faciliter
4. les frontières mentales
5. un nivellement

3 Exercice de compréhension et d'analyse

1. Il faut élargir notre vision de l'Europe pour que l'on se rende compte qu'il y a de bonnes choses partout. C'est une façon de se rendre moins étroit d'esprit.
2. Ils sont méfiants parce qu'ils ne veulent pas être obligés de subventionner d'autres pays.
3. Grâce à la coopération, les recherches avancent plus vite.
4. La création de l'Union Européenne a certainement mis fin à des siècles de conflit entre les pays membres.
5. Certains prétendent que ce sont les banquiers et les hommes politiques qui profitent le plus de l'Europe.

4 Travail d'écoute

SUGGESTED ANSWERS

(a) A retranslation exercise.
1. L'union européenne se veut une démocratie.
2. Une fois que le citoyen a élu des représentants.
3. Motivés ni par les désir ni par les besoins du peuple.
4. Ils détiennent le pouvoir suprême.
5. Les gens ne décident plus.

(b) A comprehension exercise.
1. Ils prennent des décisions bizarres parce qu'ils ne pensent plus à leurs responsabilités par rapport à ceux qui les ont élus.
2. Ils parlent de finances, d'entreprises, de capitaux, de marchés.
3. Ils tiennent les gens au courant de ce qui se passe: c'est tout.

5 Travail oral

Students prepare an oral presentation from a visual stimulus. The cartoon shows an anxious-looking Jospin apparently declaring support for the European Union.

6 Travail écrit

In writing an essay on the construction of Europe, students can draw on the opinions expressed by young people and journalists on this page.

Thème C: À l'instar du Parlement européen

1 Activité de lecture

Students read about the European Parliament for young people from one of its webpages.

2 Travail oral

Students summarise the essential points of the text in English. This is not an exercise in precise translation and so preparation time should be kept fairly short.

3 Exercice de compréhension

Students correct false impressions, using material from the webpage.

SUGGESTED ANSWERS

1. Au contraire, le but du PEJ est de donner une expérience pratique et positive.
2. On encourage les jeunes à exprimer leurs propres opinions.
3. Les jeunes suivent un programme d'études pendant deux mois avant de participer à une rencontre internationale.
4. Les groupes de discussion marchent bien: ils sont homogènes et bien organisés.
5. Au contraire, les députés portent un vif intérêt au travail de ces jeunes.

4 On s'entraîne

SUGGESTED ANSWERS

1. On a beaucoup appris tout en s'amusant énormément.
2. Il a assisté à la réunion sans y participer.
3. En discutant avec des jeunes d'autres pays, je me suis rendu compte que c'était une affaire très compliquée.
4. Il a commencé à parler sans réfléchir.
5. En lisant les rapports du PEJ, les députés du parlement européen peuvent découvrir ce que pensent les jeunes.

5 Travail d'écoute

SUGGESTED ANSWERS

(a) A true/false (or not mentioned) exercise.

1F; 2V; 3?; 4V; 5F

(b) A comprehension exercise.

1. 375 millions
2. Il y a peu de temps, ces mêmes pays étaient déchirés par la guerre.
3. Tous les 5 ans.
4. Ceux de Maastricht et d'Amsterdam
5. Ils l'ont transformé d'une assemblée consultative en une assemblée législative.

Thème D: Une crise de foi?

1 Activité de lecture

Students read four young people's opinions about going to mass.

2 Exercice de vocabulaire

ANSWERS

(a) Students find in the text the French equivalent of given English phrases:

1. pour faire plaisir à ma famille
2. ça me dégoûte
3. tu plaisantes?!
4. À quoi bon aller à la messe?

(b) Students find a word in the text to match a description or definition:

1. une tradition; 2. dépassé; 3. hypocrite
4. musulman; 5. le Coran; 6. la messe

3 Exercice de compréhension

SUGGESTED ANSWERS

(a) Students identify the speaker.

1. Jean-Jacques; 2. Florence; 3. Abdul; 4. Benoit.

(b)

1. Il y va pour faire plaisir à sa famille et pour marquer les grandes occasions.
2. Il trouve qu'il y a trop d'écart entre les paroles religieuses et les actes. Il accuse l'église d'hypocrisie.
3. Il met les principes du Coran en pratique.
4. Elle voit Dieu partout. Elle trouve que l'église est trop étroite.

4 Travail écrit

Students use the ideas expressed by the four young people to model their own response to the question *est-ce que vous allez à l'église?*

5 On s'entraîne

ANSWERS

1. Je ne pense pas qu'elle vienne à l'église avec nous.
2. Pensez-vous que cela puisse se faire?
3. Je ne pense pas que ça fasse beaucoup de différence.
4. Je ne pense pas qu'il comprenne.
5. Pensez-vous que ça vaille la peine?

6 Travail d'écoute

Students make notes in English. The key points are as follows:

> The 21st century will be more 'spiritual' than religious.
> Contemporary faith is a mish-mash of beliefs which do not necessarily conform to the doctrines of the Catholic Church.
> People choose beliefs which fit into their lifestyles.
> Faith is not handed on from generation to generation; it is constantly changing.
> A typical 'faith' might contain strands of Buddhism, astrology and new age beliefs, together with Catholic doctrines.
> The God of the Catholic Church no longer holds sway. God is present in other forms.

Thème E: Les sectes

1 Travail d'écoute

Students put the printed statements into the order in which they hear them.

ANSWERS

g; e; c; d; a; f; b

2 Activité de lecture

Students read Aline's account of her experiences in a sect.

3 Exercice de compréhension

SUGGESTED ANSWERS

1. Elle est née dedans et elle a grandi sous l'influence de cette secte. Petite, elle ne connaissait rien d'autre.
2. Elle a commencé à faire du porte-à-porte à l'âge de huit ans.
3. Chaque jour ses parents rectifiait les idées soi-disant fausses qu'elle avait apprises à l'école.

4. Elle avait trop honte d'être si différente: voilà pourquoi elle n'invitait jamais ses amis chez elle.

5. Puisqu'elle n'a jamais connu la légèreté de l'enfance, elle se trouve maintenant rarement en phase avec le monde.

4 Travail oral

Students prepare a role-play in which they imagine Aline's parents' justification of their actions.

5 On s'entraîne

ANSWERS

1. Je tremble quand je pense à ce que je faisais.
2. Ce qui m'a frappé, c'était la liberté de mes amis à l'école.
3. Dis-moi exactement ce dont tu as besoin.
4. Ce qui m'inquiète, c'est l'influence excessive des leaders.
5. Je ne comprends pas ce qu'il est en train de dire.

6 Travail écrit

A piece of creative writing in which students warn a friend of the potential dangers of involvement with a sect.

Thème F: Être un individu

1 Activité de lecture

Students listen to and read a transcript of a Brassens song: *La Mauvaise Réputation*.

2 Exercice de compréhension

Students find phrases in the song to corroborate the given statements.

SUGGESTED ANSWERS

(a)
1. J'ai mauvaise réputation.
2. Je reste coi.
3. Mon lit douillet
4. La musique qui marche au pas, cela ne me regarde pas.
5. Pourquoi le taire
6. Pas besoin d'être Jérémie
7. Je ne fais pourtant de tort à personne.
8. Les braves gens n'aiment pas que l'on suive une autre route qu'eux.

(b)
1. Il a une mauvaise réputation parce qu'il n'est pas conformiste: il ne suit pas le même chemin que les autres.
2. Il reste au lit au lieu de marquer du respect pour la patrie.
3. Il se méfie des autorités.
4. Il risque de finir ses jours pendu à l'échafaud à cause de ses idées radicales.
5. Presque tout le monde est contre lui, mais les handicappés et les exclus, eux, ne participent pas au concert de critiques.

3 Travail écrit

A challenge! Students are asked to attempt translation into English verse. The translation can be very free!

4 On s'entraîne

SUGGESTED ANSWERS

1. Je regrette que tu sois malade.
2. Est-ce que vous voulez que j'attende?
3. Ils sont contents que je le fasse.
4. J'ai peur que tu n'aies raison.
5. Je veux que tu le fasses demain.

5 Travail oral

Students read about Brassens' support for the individual against the group. In pairs, they then do a brainstorming session to suggest in what areas they conform and in what areas they show their individuality.

Thème G: La délinquance

1 Activité de lecture et travail écrit

SUGGESTED ANSWERS

1. La délinquance est un terme pour décrire tout ce qui va contre la loi, l'ordre et la prospérité d'autrui.
2. La Défense présente deux avantages: c'est un lieu neutre et c'est facile d'accès.
3. Il y a eu un incident dans le train. La bataille du 29 janvier en était la prolongation.
4. Seuls les autres jeunes sont dignes de haine. La police n'a rien à voir avec cette situation.
5. Ils sont fiers de leur bande: leur cité, c'est comme une sorte de patrie pour eux.

2 Travail oral

Students prepare a free role-play based on the text.

3 Travail d'écoute

ANSWERS

(a) Students fill in the missing words from the transcript.

1. règne; **2.** dominent; **3.** obligés; **4.** bagarres; **5.** montrer; **6.** exclus; **7.** règles; **8.** autoritaires; **9.** souffrent; **10.** norme

(b) Students identify where there are differences between the transcript and what they hear.

pessimiste *inquiet*; l'avenir *le futur*; batailles *bagarres*; police *société*; arrondissement *quartiers*; raison *voisin*; prévisible *incompréhensible*; rejet *degré*; régime *système*; acharné *armé*.

4 Lecture

Students read an account of a reformed trouble-maker.

5 Exercice de compréhension

Students decide if given statements are true (V), false (F) or not mentioned (?)

ANSWERS

1F, 2F, 3?, 4?, 5V, 6V, 7?, 8V, 9F, 10F

6 Travail oral

A brainstorming exercise to find positive measures that could be taken to improve the situation at La Défense.

Thème H: Point Rencontre

1 Travail d'écoute

SUGGESTED ANSWERS

1. Il porte un uniforme et il est armé.
2. Il aide à résoudre les problèmes de la Cité.
3. Il compare les appartements dans la cité à des cages à lapins.
4. Le vol.
5. Les jeunes manquent d'argent, mais ils ne manquent pas de temps libre.
6. Avec les voitures et les motos, les jeunes peuvent s'évader de la cité.
7. Il aime le contact avec les jeunes de quinze à dix-huit ans.

8. Les jeunes parlent volontiers aux officiers de la police. Ils leur confient des sentiments personnels.
9. Il faut leur apprendre à faire quelque chose de constructif.
10. Il pense qu'il ne faut pas rester trop longtemps au même endroit.

(b) A retranslation exercise.

1. Ça laisse vraiment à désirer
2. Ils manquent d'argent
3. La priorité était d'échapper à la cité.
4. Ils font les durs.
5. Ça va sans doute me manquer.

2 Lecture et travail oral

Students read opinions about prison sentences for young people and then rank them according to how closely they coincide with their own. They must be prepared to justify their classification.

3 Travail écrit

This essay draws on the material discussed in the previous exercise. Students need to be reminded of the importance of considering both sides of the argument.

4 Lecture

Students read about an alternative to prison sentences.

5 Exercice de compréhension

Students list the advantages of the system.

6 Travail oral

A free role play. Students must describe how the system (described in the text) works in practice.

Thème I: Renaud: Un rebelle de la chanson

1 Activité de lecture et de compréhension

ANSWERS

1. b; **2.** c; **3.** c; **4.** a; **5.** b.

2 Travail écrit

SUGGESTED ANSWERS

1. En 1975, Renaud a utilisé un langage différent pour attaquer les habitudes et les

comportements bourgeois. Il a aussi critiqué les autorités. C'est donc la révolte!

2. [opinion personnelle]

③ On s'entraîne

1. En 1975 il a dit qu'il avait chanté dix fois, cent fois.
2. En 1975 il a dit que partout on vivait dans le doute.
3. En 1975 il a dit qu'il avait entendu des grenades.
4. En 1975 il a dit que la vérité vaincrait.
5. En 1975 il a dit que la société ne l'aurait pas.

④ Travail écrit

This is a creative writing exercise where the students can use their own experiences.

⑤ Travail de recherche

This gives students the opportunity to find out more about Renaud and to make a presentation to the rest of the class about this fascinating French figure!

Unit 12: Mouvements et tendances

Thème A: Le travail: Trop ou pas assez?

① Lecture

Students read a newspaper article about unemployment in France in the summer of 2001.

② Exercice de vocabulaire

ANSWERS

1. les demandeurs d'emploi
2. le marché du travail
3. la croissance ... plus soutenue
4. la hausse du chômage
5. une baisse de la confiance des ménages

③ Exercice de compréhension

Students indicate if the given statements are true (V), false (F) or not mentioned (?).

ANSWERS

1V, 2V, 3?, 4V, 5?, 6V, 7F, 8F, 9V, 10V

④ Travail écrit

SUGGESTED ANSWERS

1. Le taux de chômage est inquiétant pour deux raisons: ça atteint presque 9% de la population active, et c'est le troisième mois consécutif que cela augmente.
2. Le ministre attribue cette hausse à la saison (il y a toujours plus de demandeurs d'emploi en été) et à l'arrêt du service militaire.
3. La France est moins touchée, paraît-il, par la crise économique que d'autres pays de l'Union Européenne.
4. Elle s'attend à ce que la réduction du temps de travail dans les PME ait un effet positif sur le chômage.
5. Le chômage réduit la confiance des ménages. Tout simplement, on dépense moins et cela s'avère très mauvais pour l'économie.

⑤ Travail oral

A brainstorming exercise to find the essential qualities for getting a job.

Students prepare an oral presentation from a visual stimulus. The cartoon should give rise to some discussion on the role of IT in creating or reducing unemployment.

6 Travail d'écoute

SUGGESTED ANSWERS

(a) Students decide whether the speakers are *pour* (P), *contre* (C) or whether they have *des avis partagés* (AP) about the 35-hour week in France.

Bernard C; Yvette AP; Claude P; Mohammed AP; Martine P.

(b) Students make a list of all the positive aspects.

> Travailler moins, c'est une bonne chose.
> On récupère des jours de repos supplémentaires.
> Le salaire n'est pas touché.
> On encourage les gens à partager.
> Ça crée des emplois.
> On voit un sentiment de communauté.

(c) Students identify the speakers. In order: Yvette, Mohammed, Claude, Martine, Bernard.

Thème B: De nouveaux horizons?

1 Activité de lecture et de compréhension

SUGGESTED ANSWERS

1. Le tourisme équitable est un système qui assure que les touristes apprennent à apprécier un pays à sa juste valeur, et les autochtones (surtout dans des pays pauvres) en bénéficient.
2. L'aéroport ne ressemblait pas aux aéroports dont elle avait l'habitude. La route pour aller jusqu'à Doudou n'était pas goudronnée.
3. Ils ont préparé un repas adapté aux occidentaux et ils ont même préparé des sanitaires de sorte qu'ils puissent se doucher.
4. Elle s'est rendu compte combien l'eau était précieuse. Le puits le plus près était à deux kilomètres du campement.
5. Les enfants connaissaient la France surtout à travers le football. Ils savaient tout sur les exploits des Bleus.
6. Les relations avec les femmes étaient plus difficiles parce qu'elles ne parlaient pas le français et elles étaient pudiques et réservées de nature.

2 Travail d'écoute

SUGGESTED ANSWERS

1. On leur a conseillé de ne pas porter de bijoux et de respecter l'eau des Africains.
2. On leur a conseillé de continuer à travailler les champs et d'empêcher les enfants de mendier.
3. On ne veut pas qu'ils deviennent dépendants du tourisme.
4. Il n'y a pas de tourisme pendant la saison des pluies.
5. Ils peuvent s'occuper de leurs récoltes pendant la saison des pluies.

3 Activité de lecture et de compréhension

Students choose a phrase from the Djembé manifesto to rebuff a criticism.

ANSWERS

1G, 2D, 3E, 4A, 5B

4 On s'entraîne

SUGGESTED ANSWERS

1. Vous risquez de perdre du poids.
2. Je m'y intéresse beaucoup.
3. On lui a demandé de participer à un match de foot.
4. Elle a essayé de s'adapter, mais elle ny a pas vraiment réussi.
5. Ils nous ont encouragé à y réfléchir.

Thème C: La croissance économique: Finis les beaux jours?

1 Activité de lecture

A true (V), false (F) or not mentioned (?) exercise.

ANSWERS

1F, 2V, 3?, 4V, 5F, 6?, 7F, 8?, 9F, 10V

2 Travail écrit

Students should use the two questions to give structure to a summary of the text in French.

3 Travail d'écoute

SUGGESTED ANSWERS

Jacques:

1. Oui. Il trouve que c'est une bonne organisation.
2. Il dit que les individus ne peuvent pas réaliser

grand-chose quand ils travaillent seuls. Il souligne l'importance de la coopération.

3. Il se sert de l'exemple de l'environnement. Il faut agir ensemble pour que cela ait un effet.

Martine:

1. C'est un club des riches qui n'existe que pour les riches, d'après Martine.

2. Ils ne s'intéressent qu'à l'argent et ne prennent pas en compte les besoins des pays pauvres. Ils font juste semblant.

4 Activité de lecture

Students read a short article about the G8 Summit at Genoa.

5 Exercise de compréhension

They must find a phrase in the text which corroborates the given statements.

ANSWERS

1. Depuis des années.
2. Jusqu'à présent, les gouvernements du G8 ne se sont pas trop inquiétés.
3. Une violence inattendue et choquante
4. Le fait que le communiqué … signe prometteur
5. Pour convaincre de leur sincérité, ils ont du pain sur la planche.

6 Travail oral

(a) Students engage in a brainstorming activity to suggest solutions to the problems of world poverty.

(b) Students prepare an oral presentation from a visual stimulus.

Thème D: Au milieu de la misère

1 Activité de lecture

Students read the editorial from the newsletter of Médecins Sans Frontières, following the attack on the World Trade Center in September 2001.

2 Exercice de vocabulaire

Students find synonyms.

ANSWERS

1. occupations quotidiennes; 2. bouleversé; 3. scellé; 4. broyé; 5. sans faille

3 Exercice de compréhension

Students write a couple of sentences, inspired by the text, to contradict the false ideas presented.

SUGGESTED ANSWERS

1. Bradol reconnaît la place occupée par les USA sur l'échiquier international.
2. Il parle plutôt de la différence entre les deux événements.
3. Il fait référence à trente ans d'expérience.
4. Il souligne leur indépendance d'esprit et d'action.
5. Il dit qu'ils sont déjà mobilisés pour aller à la rescousse de ceux qui souffrent.

4 Travail écrit

Students write a paragraph to explain the sense of 'Nous sommes mobilisés'. The best candidates will comment on the use of a military metaphor in these circumstances.

5 Travail d'écoute

SUGGESTED ANSWERS

1. Elle s'est rendu compte que des milliers de gens mouraient de maladies curables parce qu'ils étaient trop pauvres pour se faire soigner.
2. Il y a six ans.
3. Entre 660 et 1320 euros.
4. Les traitements ralentissent la maladie.
5. 594 euros.
6. Ça revient cher de fabriquer un médicament. Il faut payer les années de recherches. La compagnie veut faire du bénéfice.
7. Certaines compagnies ont divisé le prix des médicaments par dix.
8. C'est la différence entre la vie et la mort.

6 Travail oral

A free role-play. Students explain why they have decided to work for MSF.

Thème E: Le futur est-il féminin?

1 Activité de lecture et travail écrit

SUGGESTED ANSWERS

1. D'après l'auteur, les féministes ont acquis quatre droits fondamentaux: le droit à l'instruction, à l'indépendance civile, le droit de vote et le droit à l'avortement.
2. Elles gagnent moins que les hommes, et même quand elles travaillent, elles continuent à faire la plupart des tâches ménagères.
3. Il veut prouver qu'on ne prend pas les

femmes au sérieux. Elles sont toujours l'objet de la discrimination.

4. Le féminisme est nécessaire à cause de la recrudescence du mouvement qui réclame le droit à la différence.

5. Non. C'est un choix actif que d'être féministe.

2 On s'entraîne

SUGGESTED ANSWERS

1. Elle a emprunté la voiture sans me le demander.

2. Il était Président du club, mais il ne l'est plus.

3. Il n'était pas très sportif quand il était plus jeune. Il l'est devenu plus tard.

4. Elle est au chômage. Oui, on le sait.

5. Est-ce qu'elle est vexée? Oui, elle l'est.

3 Travail oral

Pupils work in pairs to prepare answers to the questions. The answers should then be moulded into an argument to present to other members of the class.

4 Activité de lecture et travail écrit

Students read and summarise a feminist song. The written work should express the main points of the comic song in a more formal register.

Thème F: Où est passé Monsieur Macho?

1 Lecture

Students read about the men's magazine market.

2 Travail écrit

Students match a proposition from the text which they have just read with its counter-argument.

ANSWERS

1C, 2G, 3J, 4B, 5F, 6A, 7H, 8D, 9I, 10E

3 Travail écrit

SUGGESTED ANSWERS

1. Il veut s'occuper de sa beauté et séduire à même titre que la femme.

2. Il y a un nouveau marché pour des produits qui n'intéressaient pas les hommes il y a quelques années de ça.

3. Avant, la presse masculine était dominée par 'PlayBoy'; maintenant, les hommes semblent

intéressés par des magazines plus sophistiqués.

4. Le titre n'était pas suffisamment original.

5. Les styles de vie masculins sont très nationaux. Le succès de 'Maxime' ailleurs ne garantit pas qu'il fasse tabac en France.

4 Travail oral

Students work in pairs to put together a radio advert for a new magazine.

5 Travail d'écoute

SUGGESTED ANSWERS

(a) A comprehension exercise.

1. Le Times a très bien réagi.

2. On banalise la chose.

3. Rome est trop axé sur les valeurs traditionnelles, comme la famille.

4. On pourrait envisager un Maire 'gay' à Los Angeles, mais pas dans les états conservateurs du sud.

5. Delanoë n'a jamais été attaqué sur son homosexualité.

(b) Retranslation.

1. Je me demande si la démarche ne lui a pas été profitable.

2. Ça c'est toute une autre histoire.

3. Le plus étonnant pour les Américains

4. La campagne électorale a été dure

5. À cause de cela

6 Travail oral

Students prepare an oral presentation from a visual stimulus.

Thème G: Un clone humain: C'est pour demain?

1 Lecture

Students read an article about Severino Antinori.

2 Travail écrit

SUGGESTED ANSWERS

a. BASED ON THE TEXT

1. Le surnom lui va bien parce qu'il prétend créer des êtres humains.

2. Il a provoqué la colère du Pape en aidant une femme de 62 ans à devenir maman.

3. On ne sait pas où il opère en ce moment

parce que son travail est interdit dans la plupart des pays.

4. Ce qu'il propose de faire est très difficile: le taux d'échec est très élevé.

5. Il repousse les critiques en montrant les enfants heureux qui sont nés grâce à lui.

b. *BASED ON CARTOON*

1. On voit un docteur avec un bébé-éprouvette.
2. Il s'agit sans doute du docteur Antinori.
3. Il montre l'éprouvette aux téléspectateurs.
4. Le but de son travail semble être de la publicité pour lui-même.
5. [opinion personnelle]

③ Travail oral

Students classify different opinions about cloning and then elaborate a role-play between two people from opposing camps.

④ Travail écrit

The opinions expressed in exercise 3 form a useful basis for this essay.

⑤ On s'entraîne

SUGGESTED ANSWERS

1. Nous ne pensons pas qu'il soit sage de continuer avec cette recherche.
2. Nous y pensons depuis trois ans.
3. Qu'est-ce qu'ils en pensent?
4. Est-ce que vous avez pensé aux conséquences?
5. Pensez-vous que cela puisse réussir?

Thème H: Point Rencontre

① Activité de lecture et de compréhension

SUGGESTED ANSWERS

1. Ils y ont installé des ateliers pour bénéficier d'un coût de main d'œuvre plus faible.
2. Il est ingénieur dans l'informatique. Les problèmes qu'il rencontre au cours de son travail sont les mêmes dans les deux domaines.
3. Depuis Guttenberg, l'édition est à la pointe des progrès en ce qui concerne les nouvelles technologies.
4. Le logiciel développé par Claude fait *tout*: la mise en forme d'un document se fait automatiquement selon des principes pré-établis.
5. Il trouve que l'ordinateur libère l'homme et

lui permet de se consacrer à des activités créatives.

② Travail écrit

Students offer their opinions about new technologies.

③ Travail oral

Students structure an oral presentation from a visual stimulus. The suggested questions can be set as a written assignment for extension work.

④ Travail d'écoute

SUGGESTED ANSWERS

1. C'est de simplifier la construction des routes.
2. Elle produit quelque chose qui remplace le ciment.
3. Elle transforme la terre en poudre.
4. La rapidité et les hautes températures.
5. Elle est énorme.
6. Six ans.
7. Non, il dit que cela en valait la peine.
8. Elle ne crée pas de déchets.
9. Il veut l'amener dans des pays en voie de développement.
10. Le Brésil.

Thème I: Vers l'avenir

① Travail d'écoute

Students listen to Brel's song *Quand on n'a que l'amour* and fill in the blanks in the transcript.

② Exercice d'écoute et de lecture

By listening to the tape or reading the transcript, students identify which stanza is being referred to.
ANSWERS
1. S4; **2.** S10; **3.** S9; **4.** S1-3; **5.** S6 et S8

③ Travail écrit

Students analyse the sentiments in the song.

④ Activité de lecture

Students read this short text about Jacques Brel's life.

⑤ Travail écrit

SUGGESTED ANSWERS

1. Il était fier de sa nationalité, même s'il se moquait de son pays natal de temps à autre: il était belge à outrance.

2. Son père l'avait obligé à y travailler. Il n'avait pas réussi ses études.

3. Son père, lui aussi, avait le goût du voyage: il avait passé vingt ans de sa vie au Congo.

4. Il avait des responsabilités par rapport à sa famille. Il semblait coincé par les circonstances.

5. Il a eu de la chance, mais il fallait aussi que Jacques décide de prendre des risques pour poursuivre son rêve. Il avait de la volonté.

6 Travail oral

A free role play exploring the possibilities of the future for the student.

Assessment Answers: Units 11 & 12

Part B

1

And then, every now and again, a pearl: a boy or girl with sparkle in their eyes, brimming over with utopian dreams and big-hearted ideas. Lively, passionate young people who think of others, want to take action; they seem ready to fight against the machine. What a joy!

2

1. Le doute est le secret du bonheur dans la mesure où il stimule la pensée et la découverte.

2. Les jeunes sont conformistes à cause du système d'enseignement aujourd'hui: tout le monde apprend la même chose. Vient s'ajouter la pression des pairs.

3. Ils sont éteints parce qu'ils n'ont qu'une ambition dans la vie: gagner de l'argent.

4. Ils sont animés par les idées. Ils ne sont pas entièrement égoïstes.

3 1b; 2b; 3a; 4b

Part C

1

Statement 1: charbon, gaz, pétrole
Statement 2: paille, bois
Statement 3: l'énergie éolienne, l'énergie solaire
Statement 4: charbon, gaz, pétrole

2

1. combustible 2. améliorations 3. détrôné
4. rentable 5. paille

Part D

1 1c; 2b; 3b; 4a; 5b

2

1. Le procédé est interdit dans les hôpitaux d'état.

2. Les taux de réussite environnent 80%.

3. Il y a des conséquences génétiques qui ne sont pas toutes contrôlées.

4. La loi permet cette intervention s'il y a un risque de malformation lié au sexe.

5. Il semble être plutôt pour la possibilité quand il s'agit de raisons valables.

Introduction, exercice 4

Alain

J'aime bien l'anglais parce que j'adore l'Angleterre. Tout est si différent de l'autre côté de la Manche. La culture anglaise est très riche, très variée. Ça m'intéresse énormément.

Karim

De nos jours, il est essentiel de savoir parler anglais. Dans l'industrie et le commerce, l'anglais passe partout. J'en aurai besoin dans mon travail. C'est ça qui me motive dans mes études.

Anne-Laure

J'aime l'anglais principalement pour les échanges. J'ai un correspondant en Angleterre et un autre aux États-Unis. J'ai déjà traversé la Manche. J'espère bientôt traverser l'Atlantique.

Emilie

Moi j'aime l'anglais parce que chaque cours est différent. On n'a pas le temps de s'ennuyer parce qu'on change tout le temps d'activité.

Laurent

J'ai de la chance. Je n'ai pas de mal à apprendre l'anglais. On me dit que j'ai l'oreille et c'est vrai apparemment. Ça vient tout naturellement.

Unité 1: Une famille européenne

Thème A, exercice 2

Dominique

Moi, je m'appelle Dominique, mais dans un sens mon vrai nom est Domenico. Je suis né en France et j'ai toujours vécu en France, mais mes parents étaient italiens et moi, j'ai gardé la nationalité italienne. Mon nom de famille est Salvador. C'est bizarre, parce que c'est un nom espagnol. Normalement, c'est Salvatore en italien. C'est compliqué, l'histoire … enfin, bref!

Mon père est arrivé ici au village, à Montpezat, en '24 avec son frère. Ils ont acheté un bout de terrain et une grande maison un peu en dehors du village – c'était pas cher à l'époque, parce qu'il manquait des hommes pour travailler la terre. C'était pas longtemps après la première guerre mondiale.

Avant, mon père habitait dans un petit village dans les montagnes au nord de Venise, mais une faillite dans les affaires les a poussés à partir à l'aventure et c'est comme ça qu'ils sont arrivés dans le sud-ouest de la France.

Camille

Je m'appelle Camille. C'est un prénom bien français, ça. Mais 'Misrahi', mon nom de famille, c'est autre chose … ça veut dire 'celui qui vient d'ailleurs' et ça tombe bien parce que nous sommes arrivés en France d'Alexandrie en Égypte. C'était en '55.

Mon mari faisait un stage pour compléter ses études en médecine. Il avait déjà son diplôme de Médecine Générale, mais il préparait une spécialisation en psychiatrie à Toulouse.

Et, finalement, on n'a jamais pu repartir en Égypte, parce que la guerre a éclaté en '56. On avait tout laissé derrière, mais c'était impossible d'aller le récupérer. Alors, on s'est installé à Toulouse et mon mari a commencé à travailler comme psychiatre dans le sud-ouest de la France.

Sylvain

Moi, c'est Sylvain et je suis français, mais mes quatre grand-parents étaient tous italiens; alors, même si je suis né en France et que j'ai fait toutes mes études dans le sud-ouest, je reste influencé par leur culture.

L'an dernier, nous avons décidé avec mon père et mon frère de retourner au village natal de mon grand-père paternel. Je voulais faire des recherches sur mon arbre généalogique. Ça a été une expérience formidable. Nous avons retrouvé notre nom de famille dans les cimetières, mais aussi parmi les habitants. En fait la moitié du village s'appelait Salvador! Des prêtres nous ont aidés à chercher dans les registres de naissances et décès. C'était fabuleux.

Je me suis installé dans le sud-ouest de la France et ça me plaît beaucoup. La plupart de ma famille habite pas trop loin, ce qui est incroyable, vu mes origines.

Véronique

Moi, c'est Véro. J'ai trente-six ans et plein de cheveux gris! J'habite à Albi avec mon mari et mes enfants, mais j'ai de la famille dans le monde entier. Nous sommes d'origine juive-égyptienne et entre une guerre et l'autre, et la persécution des Juifs, ma famille s'est dispersée un peu partout. Certains sont retournés en Israël, d'autres ont fui et sont restés en Grande Bretagne. Mes parents étaient à Toulouse lors du dernier conflit en Égypte et ils ont fini par s'installer dans le sud-ouest.

Quand on habite loin les uns des autres, la famille devient encore plus importante. Mon frère habite à une heure de route de chez nous. Danièle, ma sœur aînée, est à Paris, mais mon autre sœur s'est installée à Milan. À Noël, nous essayons de tous nous réunir et c'est fantastique de voir la famille au complet. Toutes ces cultures différentes rendent les relations très riches.

Thème B, exercice 2

L'amitié pour moi, c'est …

1. Un bon match de foot le samedi après-midi.
2. Un pot au café après l'école autour duquel on parle des profs, des cours, des affaires du cœur.
3. Savoir que dans toute situation, on peut partager ou soutenir.
4. Un mot bien vague qui s'évanouit au moindre problème.
5. L'amour sans lois ni contraintes.

Thème E, exercice 1

Le Retour au Pays

C'est un Breton qui revient au pays natal
Après avoir fait plusieurs mauvais coups.
Il se promène devant les fabriques à D.;
Il ne reconnaît personne.
Personne ne le reconnaît.
Il est très triste.
Il entre dans une crêperie pour manger des crêpes mais …
Il ne peut pas en manger.
Il y a quelque chose qui les empêche de passer.
Il paie, il sort, il allume une cigarette mais …
Il ne peut pas la fumer.
Il y a quelque chose, quelque chose dans sa tête, quelque chose … de mauvais.
Il est de plus en plus triste.

Et soudain il se met à se souvenir.
Quelqu'un lui a dit quand il était petit:
«Tu finiras sur l'échafaud.»
Et pendant des années, il n'a jamais osé rien faire.
Pas même traverser la rue, pas même partir sur la mer. Rien. Absolument rien.
Il se souvient.

Celui qui avait tout prédit, c'est l'oncle Grésillard.
L'oncle Grésillard, qui portait malheur à tout le monde, la vache!

Et le Breton pense à sa sœur, qui travaille à Vaugérard,
À son frère mort à la guerre,
Pense à toutes les choses qu'il a vues, toutes les choses qu'il a faites.
La tristesse se serre contre lui.
Il essaie une nouvelle fois d'allumer une cigarette, mais il n'a pas envie de fumer.

Alors, il décide de voir l'oncle Grésillard.
Il y va, il ouvre la porte.
L'oncle ne le reconnaît pas, mais lui le reconnaît, et il lui dit:
«Bonjour oncle Grésillard!»
Et puis il lui tord le cou.
Et il finit sur l'échafaud à Quimper,
Après avoir mangé deux douzaines de crêpes et fumé une cigarette.

Thème I, exercice 3

1. C'est un couple dans lequel et l'homme et la femme ont un emploi.
2. C'est la séparation permanente et légale d'un couple.
3. C'est un terme qui décrit le plus souvent une séparation géographique au sein des générations d'une famille.
4. C'est une idée ou une valeur qui ne change pas et à laquelle on peut se référer sans crainte.
5. C'est quand deux personnes vivent ensemble sans être mariés.
6. C'est de se soutenir les uns, les autres.
7. C'est une famille où seul un des parents élève les enfants.
8. Un endroit bien confortable où on est protégé.
9. C'est un changement complet et, le plus souvent, abrupte.
10. Autrefois, ça voulait dire qu'il y avait une absence de rapports sexuels; mais de nos jours c'est simplement de ne pas avoir de partenaire.

Unité 2: Au repos

Thème A, exercice 1

(a) Lucie et compagnie
Voici trois jeunes lycéens, de grands amis, qui nous parlent de ce qu'ils aiment faire pendant leur temps libre:

- Alors Lucie, le week-end pour toi, qu'est-ce que ça représente?
- C'est la liberté. Pas de contraintes. Pas de réveil le matin. C'est synonyme de scooter et copains.

- Et toi, Nathalie?
- J'aime retrouver Lucie et Marc au café. J'apprécie beaucoup de m'asseoir et papoter avec eux au sujet de tout et de rien.

- Marc, qu'est-ce que tu penses de tout ça?
- Je suis d'accord avec les filles. Le week-end, c'est le calme avec les amis. J'aime aussi écouter ma musique et je profite du dimanche pour me tenir au courant de ce qui se passe.

(b) Claude et sa fanfare
Il y a vingt ans de ça, je faisais de longues études d'ingénieur dans la banlieue de Paris. J'ai découvert que plusieurs autres étudiants jouaient du trombone, de la trompette et du cornet à piston. Alors, fantastique, nous avons formé une petite fanfare et nous avons consacré bien des week-ends et des soirées à répéter et travailler ensemble. Super. Maintenant, quatre de ces vieux étudiants sont en région parisienne et nous nous retrouvons un samedi par mois car la musique, et surtout les cuivres, c'est pour nous une passion, une détente, une affaire sociale aussi ... et nous nous régalons.

Notre nom, c'est Raisonnances et, histoire de nous amuser un peu, nous avons même produit un CD. Ça vous impressionne, non, pour des amateurs?

Thème B, exercice 4

164 Livres par ménage
Les Français aiment les livres même s'ils en consomment moins que dans le passé. 91% des Français ont des livres chez eux et un ménage sur quatre possède au moins 200 livres. Nous observons un très grand écart selon les activités professionnelles: les cadres et les professions intellectuelles possèdent au moins trois fois plus de livres que les ouvriers, les agriculteurs ou les employés.

C'est dans les ménages parisiens que l'on trouve le plus de livres: ils ont en moyenne 376 livres par foyer. Les dictionnaires sont de plus en plus fréquents (76% des foyers). Dans 68% des ménages, il y a des livres de cuisine. Viennent ensuite les romans, les livres d'histoire, les BD et les encyclopédies – présents dans un foyer sur deux.

Notons pour finir que 43% ont des ouvrages de littérature classique, et 28% des ouvrages de poésie.

Thème C, exercice 1

Romain: Tu veux savoir ce que je fais quand j'ai une minute pour moi? Je file en montagne... C'est vrai que j'ai de la chance de faire mes études d'ingénieur à Tarbes, juste au pied des Pyrénées, alors je m'échappe dès que je peux.

La montagne, c'est fantastique: des espaces magnifiques, immenses, d'une beauté surnaturelle, solitaire, tranquille, pure...

Je m'éclate à marcher tout seul, à faire une randonnée qui me vide de tout le stress de mes cours, à profiter de ces paysages. Après une longue journée en solitaire, j'apprécie de retrouver des gens le soir dans les refuges où nous dormons. Ce sont des fanas des Pyrénées aussi et on échange des idées de routes, de randonnées aussi. L'hiver, un autre avantage, c'est le ski. Pas le ski de piste – il y a toujours trop de monde – moi, je préfère le ski de fond. J'adore parcourir de grandes distances tranquillement: je me dépense, c'est sûr, mais j'ai aussi le temps d'apprécier le paysage.

Et puis, pour les week-ends pluvieux ou trop froids, quand je dois rester dans la plaine, je me suis inscrit dans un nouveau club de squash. Il me faut du sport – mais là, c'est moins intéressant parce que c'est à l'intérieur. Enfin, ça me permet de me détendre et de garder mes muscles en forme.

Thème E, exercice 4

Une sortie réussie
1. **Aïcha**
   Pour la fête du 14 juillet, vendredi dernier, nous avons mangé au café-concert de

Montauban. Quelqu'un nous l'avait recommandé: il y avait là, d'après lui, une super ambiance. Hé bé, ce n'était pas la joie. Il y avait trop de monde, nous étions trop serrés. La nourriture n'était pas extra et le groupe de musique prévu n'est pas arrivé.

2. **Sandrine**

Vendredi dernier, Simon a fêté ses dix-huit ans chez lui. Nous avons fait une super fête. Tout le monde était de bonne humeur. On a beaucoup dansé, rigolé, mangé et bu. L'ambiance était au top.

3. **Manu**

Je suis allé au Capitole à Toulouse pour mon premier opéra. Je pensais que ça allait être ennuyeux, surtout que moi, je suis plutôt punk que Pavarotti. Mais comme je suis ouvert, j'ai décidé d'y aller quand même. Et finalement, je dois l'avouer, ce n'était pas trop mal.

4. **Franck**

Vendredi dernier, avec les copains, nous sommes allés au ciné voir un film américain. C'était un navet complet. Les acteurs étaient nul, l'histoire n'avait pas de sens. En plus, en sortant, on s'est disputé …

5. **Mathilde**

Vendredi dernier, toute la famille s'est réunie pour les 50 ans de mon oncle. Le repas était long et ennuyeux. Il a duré cinq heures. Mais, je devais y rester parce que c'était un rassemblement familial important et je ne voulais pas faire d'histoires.

Thème F, exercice 1

Élodie, l'intello

On me taquine souvent et on m'appelle 'L'intello' parce que contrairement à la majorité en terminale autour de moi, ce que j'aime, ce sont les livres, le théâtre, le cinéma … Mes copains préfèrent la discothèque et le sport, mais moi je trouve cela vraiment nul, sans intérêt.

Tu me poses des questions sur mes passe-temps. Eh bien, c'est simple. Pour moi, le travail scolaire, c'est comme un passe-temps. Je me régale avec la philo et la littérature, et ça me dérange pas du tout si je dois passer des heures à bouquiner pour préparer un devoir. De toute façon, si je n'ai pas

de travail, je prends un livre. Un bon livre, un livre bien écrit avec des idées nouvelles, fortes. Pas une BD, un hebdomadaire, ou encore moins un roman à l'eau de rose dont raffolent les filles de ma classe. J'ai horreur de ces petites histoires romantiques. J'aime les livres qui me font réfléchir, penser, qui m'apportent des informations aussi.

Le week-end, quand le temps et l'argent me le permettent, j'aime sortir. Mais non, pas à la discothèque! Pouah! La boîte de nuit! Tous entassés, dans la fumée, l'odeur de la sueur, sans pouvoir parler. Quelle horreur! S'il y a une pièce de théâtre ou un bon film au cinéma, alors ça, je ne le manque pas. J'ai beaucoup aimé *La mandoline du Capitaine Corelli* que j'ai vu dernièrement, même si c'était différent du livre à bien des égards.

Mon rêve, c'est de travailler dans le monde du théâtre ou peut-être bien dans les films. Ça doit être fantastique d'être tout le temps avec des gens qui apprécient les mêmes choses. Mais tout ça, c'est pour plus tard. D'abord, je dois préparer un bon bac.

Unité 3: Au travail

Thème C, exercice 3

Quelle idée est-ce que vous vous faites de l'école?

– Qu'est-ce que c'est l'école pour vous, Malika?
– C'est là que je retrouve mes copains tous les jours. On rigole, on parle, on avance ensemble. Le côté social est très important.
– Et pour vous, Isabelle?
– Je veux devenir avocate et j'ai beaucoup d'étapes à franchir, d'examens et de concours à réussir avant d'arriver au top.
– Et qu'est-ce que vous en pensez, Jean-David?
– L'école. Eh bien, c'est essentiel pour comprendre la vie, réfléchir, analyser et trouver une position personnelle là-dedans.
– Vous êtes d'accord, Pascale?
– Dans un sens, oui. C'est sûr qu'à l'école on apprend un tas de choses, en histoire-géo, en sciences et même en philo, mais des fois je me demande à qui ça sert. C'est un peu le bourrage de crâne, quoi.
– Vincent, vous êtes dans un LEP, je pense – un lycée professionnel.

– Oui, pour moi, donc, l'école c'est l'occasion de me former directement à un métier. C'est bien pour ceux qui ne sont pas très académiques, comme moi.

Thème D, exercice 3

Tricher sur le net?

1. Mais c'est de la triche, ça! C'est incroyable que tout le monde l'accepte!
2. Chercher des informations et les utiliser, c'est une bonne chose. Mais il ne faut pas aller plus loin avec le Net.
3. Où va l'éducation? Maintenant, c'est l'ordinateur qui pense pour l'étudiant. Alors, c'est quand qu'il va apprendre à réfléchir pour lui-même?
4. C'est rigolo, ça! C'est bien pour les paresseux et ceux qui ont de l'audace. Point de vue pédagogique, c'est la terreur!
5. Il faut s'adapter à notre monde. Tout a changé et les modes d'apprentissage changent aussi.

Thème E, exercice 4

Victimes de violence

La violence psychologique et physique rôde dans nos écoles. Notre reporter, Francis Coffrigny présente des cas parfois choquants:

Paco

Paco, un élève de sixième d'origine espagnole, a été jeté du haut de l'escalier de son collège. Un trio d'élèves de troisième obligeaient Paco, depuis la rentrée, à faire leurs devoirs d'espagnol sous les menaces et les coups. Paco le faisait sans rien dire.

Lofti

Lofti est enlevé en plein lycée par trois voyous, embarqué de force dans une voiture volée, séquestré deux heures. Cela apparemment juste pour un règlement de comptes banal entre voyous.

Sophie

Une petite élève de cinq ans dans une école maternelle est frappée de temps en temps par deux copines et menacée de mort si elle ne ramène pas des bonbons.

Pierre

Pierre, 15 ans, est constamment moqué parce qu'il n'est pas sociable, ne se mélange pas bien. On lui ricane au nez en permanence, on l'humilie verbalement sans arrêt. Il finit avec une dépression nerveuse et une tentative de suicide.

Thème F, exercice 3

Étudiants avec le CNED

Paul, 25 ans

Je travaille depuis trois ans dans une entreprise de construction. J'ai réalisé très vite que ce n'était pas ma vocation. Alors, grâce au CNED, j'ai commencé un recyclage vers la comptabilité. Je prépare tout en travaillant le diplôme de comptable et cela sans recours aux finances de mes parents.

Nathalie, 13 ans

Ma mère est française mais nous habitons dans le sud de l'Espagne. Avec le CNED, je peux suivre des études normales de français. J'apprends la grammaire, l'orthographe, mais aussi l'histoire, la géographie, les maths … comme le fait une élève de mon âge en France. Je suis en retard d'un an mais ce n'est pas grave!

Marie-Christine, 21 ans

Je suis assistante d'anglais à Plymouth. J'ai fini ma licence et je perfectionne mon oral. Je travaille 12 heures par semaine dans une école et cela me laisse beaucoup de temps libre. Avec le CNED, je continue mes études et je prépare une maîtrise d'anglais par correspondance. J'ai tous les documents sous la main et en même temps la structure académique avec le CNED.

Ahmed, 27 ans

Dans le secondaire, je n'ai pas assez travaillé et je n'ai pas eu mon bac. À 17 ans, j'ai trouvé du travail. Peu à peu, les études m'ont manqué et j'ai décidé de les reprendre. Mon entreprise me donne 5 heures par semaine et avec le CNED, je prépare un bac scientifique. Je voudrais devenir technicien qualifié plus tard. Je me régale.

Mauricette et Huguette, 68 ans

– Nous profitons de la retraite pour faire ce qui nous plaît. Alors, nous avons choisi ensemble de suivre des cours sur l'Histoire de l'Art.

– Nous habitons en pleine campagne et la route nous fait peur. Le CNED est un moyen fantastique pour nous. Il nous permet d'apprendre à la maison sans stress.

Alain, 38 ans

Je suis instituteur depuis 15 ans. J'ai une passion pour l'histoire alors, pour mon plaisir, je prépare une licence. Tout doucement, sans me presser. Le CNED fonctionne très bien. Il est flexible mais ferme en même temps. Il me reste seulement la troisième année à faire maintenant.

Thème G, exercice 4

Conceptions du travail

Stéfan, antiquaire

Je n'ai pas beaucoup aimé mon travail à l'école et après mon service militaire, j'ai un peu touché à tous les métiers. Je cherchais quelque chose d'indépendant, de créatif, quelque chose qui bouge aussi. J'ai été élevé dans une maison remplie de vieux meubles, d'objets et le travail du bois m'a toujours plu. Après un stage de 9 mois chez un grand spécialiste de la réparation des meubles anciens, je me suis lancé. J'ai ouvert un magasin à Montauban. Je me promène dans tout le Sud de la France pour faire les foires et trouver de nouvelles antiquités. Maintenant, j'ai commencé à peindre et je me dirige davantage vers la très belle antiquité.

Anne, assistante sociale

Pour moi, le choix du travail est une chose très importante. Je ne pourrais pas faire n'importe quoi juste pour travailler. J'ai toujours aimé aider les gens. Même à l'école, j'étais attirée par les plus faibles, ceux qu'on taquinait ou qui manquaient de ressources. Le travail social est idéal pour moi. Je m'épanouis en aidant, en soutenant ceux qui sont dans le besoin réel. La relation humaine domine dans le travail des assistantes sociales et comme ça, je suis comblée.

Christine, P.D.G. d'une petite entreprise

Ce qui me fascine, c'est l'argent. J'aime énormément m'occuper des chiffres, des nombres. J'aime voir des rapports de comptes bien organisés et surtout qui montrent du profit. Faire fructifier l'argent à travers la production de matériaux, c'est ma passion. Je dirige une petite entreprise qui fabrique des cheminées de pierre. Je dois m'efforcer de trouver des matériaux de qualité à des prix raisonnables afin d'augmenter les marges de profit. Les gens m'accusent d'être égoïste et de mener une vie de luxe mais il me semble que je l'ai bien mérité!

Alain, employé à la S.N.C.F.

J'ai réussi un concours d'entrée à la S.N.C.F. il y a deux ans de cela et comme je n'ai aucune formation, cet emploi est un miracle pour moi. Je vis dans une région pauvre, qui manque d'industrie et le travail quel qu'il soit est un atout fantastique. La S.N.C.F. offre des emplois stables, permanents et c'est si bien de pouvoir être embauché par cette compagnie. Cela veut dire aussi que j'aurai même une petite retraite.

Thème H, exercice 3

Trois conseils pour maîtriser votre stress

Nous vous proposons 'Trois Conseils pour maîtriser votre stress'.

1. **Gérez votre temps**
   Il faut d'abord analyser minutieusement l'organisation de votre temps. Ceci permet de le répartir de façon plus équilibrée entre la vie au travail et la vie privée. Il faut faire des choix, dire non, supprimer certaines choses pas nécessaires. Il faut apprendre à déléguer systématiquement.

2. **Soignez votre hygiène de vie**
   L'alcool et le tabac sont de gros générateurs de stress. Le sport, lui, est un remède formidable. Attention à votre sommeil. Respectez-le. Imposez-vous des règles fixes et appliquez-les rigoureusement.

3. **Travaillez sur vos pensées stressantes**
   Notre éducation et son système de valeurs nous donnent des croyances fondamentales. Par exemple: vous pensez depuis toujours que tout travail doit être parfait. Votre collègue bâcle un dossier, vite fait, bien fait. Vous stressez. C'est votre façon de penser et de réagir qu'il faut changer.

Unité 4: À table

Thème B, exercice 1

Lucie

Le repas, pour moi, ce n'est pas très important. L'idéal? Le Mac-Do avec les copains. C'est rapide, on n'est jamais déçu, il y a une bonne ambiance. Et en plus, pas de vaisselle. Les gens font tout un tralala pour manger, mais pour moi, c'est juste le moyen de remplir mon estomac et de calmer mon appétit.

Yannick

Je suis célibataire, mais ça ne veut pas dire que je ne cuisine pas. Chez moi, c'est simple mais sain. Et sans viande surtout. En semaine, je me fais de super salades composées, de bonnes soupes, des pâtes biologiques et du bon riz. Le week-end, j'ai toujours des amis qui viennent. Là je fais un petit effort pour découvrir de nouvelles combinaisons de légumes, de fruits, de fromages … J'achète des ingrédients un peu plus raffinés et je fais la fête en bonne compagnie.

Josianne

Cuisiner, c'est ma passion. Je ne me lasse pas d'explorer la cuisine française, les champignons sauvages, les bons petits crus. En semaine nous faisons toujours l'effort de manger à table ensemble. C'est le cœur de notre famille, le point rencontre. Alors, je cuisine de bonnes choses. Je garde la tradition de l'entrée, plat principal. Les desserts, c'est pour le week-end seulement: il faut quand même faire attention à la ligne!

Philippe

La cuisine normale ne m'intéresse pas. Pendant presque vingt ans, j'ai mangé plus ou moins les mêmes choses. Heureusement, en voyageant, j'ai découvert tout un tas de cuisines fabuleuses: les poissons crus et sushi au Japon, les curries en Inde, le vrai couscous et les épices douces au Moyen-Orient. La cuisine pour moi, c'est la découverte, l'expérience, le partage avec le monde, les cultures. C'est une forme de communication essentielle pour moi.

Thème E, exercice 4

Peut-on manger du bœuf maintenant?

Introduction

La question reste ouverte. Comme la maladie met beaucoup de temps à s'installer, on ne sait que trop tard si un animal malade a été consommé. Les nouvelles régulations ne peuvent empêcher ce qui s'est déjà passé. Alors, les gens réagissent différemment à la situation. Écoutez attentivement ces quatre témoignages:

Monique

L'année dernière, plus de 8000 personnes sont mortes en France d'un accident de voiture. Ça n'a pas découragé les gens de conduire. En proportion, j'ai beaucoup moins de chance d'être malade en mangeant du bœuf. Je fais attention quand même d'acheter de la bonne viande et j'évite les abats. Je croise les doigts aussi, un peu!

Benjamin

Moi, j'ai plutôt l'impression que nous ne savons pas vraiment la vérité. Les gouvernements ne cherchent que leur profit. Ils se moquent bien de nous, les consommateurs. Quand j'étais jeune, parfois dans nos troupeaux, une vache se mettait à se conduire de façon très bizarre. Elle sautait partout, courrait dans tous les sens. Il n'y avait pas moyen de l'arrêter et on devait l'abattre. Vache 'folle' d'après moi. À mon avis, la maladie existe en France depuis un moment déjà. C'est trop tard pour penser à ma santé. Le bœuf, je continue à en manger …

Annie

Ça me dégoûte! Ça m'écœure. Depuis tous ces scandales, je ne mange plus de viande. C'est probablement trop tard pour moi, mais je protège au moins mes enfants contre tous les risques. C'est un monde dégueulasse, complètement pourri en dessous d'apparences brillantes.

Jacques

En France, des milliers de gens rejettent encore le bœuf. On nous a tellement menti. Mais il faut aussi être raisonnable. La viande hachée est porteuse de maladie parce que, bien souvent, elle est faite avec des déchets de chair raclés sur les os. Ensuite, on la colle avec de la cervelle et des fibres nerveuses. Ces matières-là portent la maladie. Ce qu'il faut, c'est encourager une production agricole saine, avec des appelations d'origine contrôlées pour le bœuf. Il faut définir des caractéristiques biologiques et géographiques. Cela permettra de garantir une qualité irréprochable.

Thème G, exercice 5

La réaction aux OGM varie de pays en pays. Les États-Unis et le Canada sont extrêmement dynamiques dans le domaine des biotechniques en général. Les Américains font globalement confiance à leurs industries qui ont une avance déterminante dans ce domaine. Il ne serait pas juste de dire que la législation sur les OGM aux USA est laxiste, mais elle est sans doute moins contraignante qu'en Europe.

Le Japon est un peu derrière les États-Unis, mais il est en train de rattraper ce retard.

En Europe, l'Autriche affiche un net refus aux biotechniques, surtout quand elles sont liées à l'agroalimentaire. Son opposition est absolue. D'autres pays qui s'y opposent comprennent le Danemark, le Luxembourg et la Suède.

L'Allemagne décolle dans le domaine après un départ très lent et affiche maintenant la volonté d'être le leader européen.

Le Royaume-Uni a été le lieu d'un débat très passionné au sujet des biotechniques et les opinions sont partagées en France aussi. Plus de la moitié des Français estiment que les biotechniques représentent un risque sérieux, mais la même proportion de personnes pense que ces techniques sont porteuses de progrès. En France, au moins, il existe un système de contrôles très vigilant et rigide.

Unité 5: En route

Thème A, exercice 3

Dossier Vacances: Des expériences personnelles

1. Pourquoi partir? Je suis content de rester à la maison! ⌒
2. J'ai traversé l'Atlantique une fois seulement.
3. Nous entretenons une maison secondaire au bord de la mer.
4. J'ai beaucoup de congés payés, donc ce n'est jamais un problème pour partir.
5. Depuis janvier 2001, c'est vachement plus simple de voyager en Europe.
6. Qu'est-ce que vous voulez aller voir à l'étranger?!
7. On prend toujours notre Renault Espace.
8. Je suis ouvrier en banlieue parisienne, mais depuis quatre ans, je pars en vacances à la campagne avec ma famille.
9. C'est trop cher pour nous, les vacances.
10. Je fais beaucoup de recherches avant de choisir les vacances.

Thème C, exercice 3

L'expérience de Christiane à Disneyland

Écoutez l'expérience de Christiane à Disneyland, Paris.

Je n'avais vraiment pas envie d'y aller. Tout ce commercialisme américain me repousse, toute la pub. Mais le reste de la famille voulait absolument y aller et je dois avouer que nous avons passé de supers moments. Une très belle journée d'arrière-saison en Octobre, le ciel bleu, peu de gens... Je m'attendais à une construction plutôt artificielle. Mais ce qui m'a frappée d'abord, c'était la qualité de ce qui nous entourait, l'attention portée au détail, les objets ajoutés pour rendre l'endroit convaincant. Nous avons fait une heure de queue pour le train de la mine mais tout au long, il y avait un tas d'objets à regarder... Beaucoup de magie aussi. Je garde un souvenir fantastique de 'It's a small world' avec tant de maquettes à regarder, tant d'actions, tant de pays représentés... et pas d'effort de notre part puisque nous étions tranquillement installés sur un bâteau. Peter Pan aussi était merveilleux. Nos enfants étaient trop petits pour essayer les espaces plus effrayants, alors nous devons y retourner... La seule chose regrettable, c'était la nourriture. Elle était sans goût, sans variété. Elle n'était pas saine et à un prix exorbitant...

Thème D, exercice 2

Ma destination de rêve

Vous allez entendre cinq personnes. Elles parlent de vacances formidables qu'elles viennent de passer.

Nadia

Moi je suis allée à Paris pour un long week-end. J'ai dormi dans un petit hôtel à Montmartre – vraiment pas cher: j'ai payé 30 euros par nuit avec le petit déjeuner compris. J'ai visité le Musée d'Orsay et j'ai flâné parmi les bouquinistes le long de la Seine ...

Malek

Avec Souraya, on a fait une randonnée de trois semaines dans les Andes. Nous avons suivi la route des Incas et nous avons rencontré des Péruviens très chaleureux. Ça faisait longtemps qu'on préparait ce voyage; il fallait, entre autres, économiser plus de deux mille euros par personne.

Julien

Je rentre d'une petite semaine en Bourgogne où je me suis régalé. J'ai découvert de très beaux vignobles et j'ai goûté de grands crus. Je me suis payé l'hôtel à quatre étoiles et j'ai bien mangé tous les soirs. Heureusement que j'avais la Carte Bleue sur moi: mine de rien, j'ai dépensé plus de mille euros.

Joanna

La plage, le soleil, la boîte. C'était fantastique, ces quinze jours à Alicante. Pas cher en plus! J'ai pu me dorer pendant quinze jours pour moins de mille euros. L'Espagne c'est vraiment bien pour ça!

Paul

On est parti en famille juste samedi – dimanche, mais c'était comme de vraies vacances! On a dormi à l'auberge de jeunesse pour juste 70 euros. Samedi, on a fait du vélo jusqu'au lac du Salagou et dimanche on y est retourné avec le pique-nique et les planches à voile.

Thème G, exercice 4

Les agents encaisseurs

Vous allez entendre une interview. Un journaliste pour un hebdomadaire local a entendu parler des agents encaisseurs de Dijon. Il téléphone à un responsable pour obtenir plus de détails. Écoutez leur conversation.

J: Bonjour. La Mairie de Dijon m'a donné votre numéro de téléphone car j'écris un article au sujet des agents encaisseurs. Comment peut-on les reconnaître?

R: C'est simple. Cherchez une personne avec une parka bleue et jaune sur les épaules, une sacoche en cuir en bandoulière, une radio portable dans la poche et un carnet de tickets à la main.

J: Ils sont nombreux, ces agents?

R: Il y en a 11 pour l'instant, mais comme ça se passe bien, nous pensons doubler le nombre l'année prochaine. La Mairie paie une grande partie des salaires, mais nous avons une bourse du Ministère des Transports car nous sommes en liaison directe avec eux.

J: En quoi consiste le travail des agents?

R: Ils remplacent finalement les horodateurs. Ils vont à la rencontre des automobilistes qui stationnent dans les quatre endroits précis de la ville et ils font payer le droit de stationnement.

J: Le Maire dit que cette initiative encourage l'équité en ce qui concerne le paiement. Qu'est-ce que cela veut dire?

R: C'est simple. Si l'automobiliste dépasse le temps prévu, l'agent lui demande un complément. Si, au contraire, il reprend sa voiture en avance, la différence lui est remboursée.

J: En général, vous êtes satisfait du système?

R: Les Dijonnais doivent apprendre à respecter les horaires de ces agents, bien sûr, mais pour l'instant, ça fonctionne bien. Et ça pourrait créer beaucoup d'emplois au niveau national.

J: Merci pour ces informations. J'ai l'intention de venir à Dijon prochainement pour faire l'expérience de ce nouveau système moi-même.

Thème H, exercice 2

Deux cyclistes

Écoutez le témoignage de deux cyclistes dans des situations bien différentes.

Rachid

J'habite dans une ville de 50 000 habitants et je fais 20 minutes de vélo matin et soir pour me rendre au travail et rentrer à la maison. Il n'y a pas trop d'embouteillages mais cela veut dire qu'en règle générale les voitures vont vite. J'ai eu la trouille parfois.

Pierre

Ma maison se trouve à la campagne, à 45 minutes de la petite ville où je travaille. J'ai décidé de faire les voyages à vélo pour garder la forme et ça marche bien. Ce n'est pas toujours gai – surtout s'il ne fait pas beau – mais en plus de la forme, j'ai la conscience tranquille par rapport à mes responsabilités envers la planète.

Unité 6: On change de look

Thème D, exercice 3

Conversation avec Daniel Desjardins

J: Pour nous parler de cette idée de l'influence de l'ordinateur, notre invité aujourd'hui, c'est Daniel Desjardins. Bonjour.

DD: Bonjour.

J: Vous êtes psychologue, alors?

DD: Oui, je suis psychologue et psychanalyste des tout-petits et de leurs mères ...

J: Est-ce que c'est un problème, pour vous, l'utilisation des logiciels à cet âge?

DD: Non, mais il ne faut surtout pas forcer la concentration de l'enfant devant l'ordinateur et il ne faut pas le laisser faire tout seul.

J: Quelle est la place des parents dans tout ça?

DD: Ils doivent jouer à l'ordinateur avec l'enfant. C'est un moyen de renforcer les relations parent-enfant.

J: Vous voyez certains dangers?

DD: Oui. Celui du manque de motricité. Il faut faire bouger les enfants, les laisser se dépenser nerveusement. Alors, il ne faut pas encourager de longues séances devant l'ordinateur.

J: Il y a des dangers au niveau de l'apprentissage?

DD: Il faut se rappeler qu'à 1 an, l'enfant ne sait pas toujours reconnaitre ce qui est réel de ce qui est magique. Vous voyez donc le danger: une petite souris, un clic et tous les pouvoirs lui sont donnés … Il faut impérativement à côté des parents qui expliquent le subterfuge.

Thème E, exercice 3

Les drogués du Net

Sandrine est divorcée et mère de trois enfants. Elle mène une vie bien tranquille dans une petite ville du nord-est. Elle est de nature sage, presque coincée, et elle n'est pas du genre à aller flirter dans les bars. Elle a trente-huit ans et elle donne l'impression d'une vie saine. Et pourtant! Il suffit d'un clic de souris pour qu'un soir, il y a presqu'un an, elle se transforme en véritable obsédée virtuelle …

Ce jour-là, Sandrine se branche sur un groupe de discussion en ligne pour célibataires. Et en un tour de Net, elle accumule les amants. Elle établit des relations cyber-sexuelles avec une centaine d'inconnus et par téléphone, avec quarante autres! Pour s'adonner à sa nouvelle passion, elle saute les repas, passe des nuits blanches, se fait porter malade à son bureau, et néglige ses enfants.

Inquiète, une amie lui conseille d'aller voir un psychiatre. Son diagnostic: Sandrine est une accro du sexe et d'Internet.

Thème F, exercice 5

Les jeunes et la mode

Anna

Alors, moi, les vêtements, je m'en moque! Une paire de jeans, Jeannot Lou Paysan s'il le faut, des tee-shirts et des sweats larges et confortables. Ce qui compte, c'est de se sentir bien dedans, de pouvoir courir si je veux courir, m'asseoir par terre, et surtout de ne pas ressembler aux 3/4 de ma classe!

Fanny

Je me tiens au courant de la mode en lisant les magazines. Je fais du shopping tous les samedis et j'aime bien être branchée. Ça coûte cher mais ça me plaît. J'aime chercher les derniers modèles, porter les Reeboks les plus récentes et être regardée, faut l'avouer.

Luc

Je ne suis pas un fana mais je préfère quand même porter des vêtements de marque. Sinon, les copains se moquent. Faut dire que c'est un peu la compétition au collège et si on ne veut pas se faire rire au nez, on a plutôt intérêt à suivre les autres et à acheter les mêmes fringues qu'eux.

Thème H, exercice 6

Daniel Desjardins parle de l'adolescence

Colette: Merci d'avoir accepté de parler avec moi. L'adolescence, ce n'est pas facile pour les parents non plus. Vous avez des conseils à nous donner?

Daniel: Les jeunes en mutation ont besoin de repères solides, de respect et de confiance de la part de leur famille. Ce n'est pas facile, ça, mais il ne faut surtout pas éviter les conflits. Si vous niez les oppositions, vous créez plus de problèmes. Si ça escalade, par contre alors il vaut mieux chercher un médiateur.

Colette: La sexualité reste un sujet tabou pour certains parents. Quelle est la meilleure approche d'après vous?

Daniel: Ce que je conseille aux parents, c'est de parler de la sexualité de façon claire mais tendre aussi. Il faut essayer de ne pas menacer. Cela mène souvent à un rejet complet. Ce jeune a besoin de réel, mais de sentiments aussi. Il aura comme ça plus de confiance en lui-même et il pourra devenir un adulte épanoui.

Colette: Un autre sujet douloureux pour les parents, c'est la drogue. Les jeunes semblent prêts à tout essayer et cela nous fait peur. Vous avez des conseils à nous donner?

Daniel: Dans ce domaine aussi, il faut garder les jeunes informés. Je dis aux parents de parler des risques, de ne rien cacher mais de pas être alarmistes non plus. Si les parents sont trop rigides, alors l'enfant peut se tourner vers des produits plus dangereux. Gardez le contact et rappellez-vous que vous avez été adolescents un jour aussi!

Colette: Merci pour tous ces conseils.

Thème I, exercice 4

La femme numérique

Les femmes sont folles des nouvelles technologies. Mais à une condition: il faut que les objets soient *design*! Car pour les femmes, il n'est pas question de gâcher le look d'un salon avec une machine.

Autre chose: il faut que tout *fonctionne sans difficulté*. Ces assistants numériques sont là pour simplifier la vie, pour rendre les choses plus facile. Pas question de se casser la tête. Les constructeurs l'ont bien compris: tous se tournent vers la production de petits bijoux de la technologie qui sont à la fois séduisants et pratiques.

Citons un exemple. Novotec a conçu un amour de PC. Il s'appelle 'Cocoon' et il a été spécialement conçu pour les femmes par une femme. Il est vivement coloré, mais son attrait principal est qu'il ne prend pas trop de place. En plus le PC lit des DVD, les disquettes, les cartes vidéo. Il se transforme facilement en chaîne hi-fi ou en téléviseur. C'est cette simplicité pratique qui fait appel aux femmes: le PC se vend comme des petits pains.

Unité 7: SOS planète

Thème B, exercice 4

1. **Jean-David:** À mon avis, c'est bien de se presser, mais je doute que les mesures soient respectées.
2. **Laure:** De proposer le nucléaire comme possibilité pour réduire l'effet de serre, c'est ignoble.
3. **Thomas:** C'est bien de faire des recherches et de surveiller ce qui se passe … mais il ne faut pas paniquer: il y a eu des périodes de

réchauffement et de refroidissement dans le passé. Ça se résoud tout seul.
4. **Patricia:** 3°C de plus pour la fin du siècle, ça fait peur. C'est bien qu'on passe à l'action.
5. **Roger:** Les Américains se moquent de tout, mais avec des règles fermes, on pourra mieux les contrôler. J'applaudis donc.
6. **Michelle:** Pour proposer de réduire de 0% la production des gaz, c'est franchement pas la peine de se déplacer.

Thème D, exercice 5

(a) Nous sommes tous responsables finalement. L'origine principale de la pollution de la mer est domestique. Il y a peu de stations d'épuration, surtout dans les pays moins riches. Les égoûts de nos maisons et de nos immeubles salissent les rivières, les fleuves et le grand large. Nos voitures aussi produisent des gaz qui finissent par polluer l'eau. Il y a des choses auxquelles on ne pense pas: on met des hormones dans la viande. Quand ces hormones rejoignent l'eau, elles provoquent des changements de sexe ou même des cas d'hermaphrodisme chez les animaux marins.

(b) Moi, je suis spécialiste des pollutions de l'agriculture. Tout d'abord les pesticides sont terribles. Ils finissent dans les rivières et ils tuent tout sur leur passage. Ils vont, évidemment, jusqu'à la mer.
Avec ça, les engrais n'aident pas. Les fumiers et les engrais provoquent des excès nutritifs dans les lacs et les marécages. À cause d'eux, certaines algues vertes augmentent. Les algues tuent d'autres formes de vie. Tout le cercle écologique finit par être modifié.

(c) Le pire de toutes ces pollutions vient de l'industrie. Les usines lachent des acides, métaux lourds, des colorants, des plastiques, de la dioxine …
Elles créent des dégâts qu'on ne peut pas réparer. Avec ça, on ajoute des substances radioactives. Elles viennent des usines, mais aussi des essais militaires. Seulement, l'état refuse de nous dire la vérité. Pas touche!

Thème F, exercice 1

Christophe

J'ai toujours pensé que l'énergie nucléaire était une bonne chose. Ça permet de produire beaucoup d'électricité sans polluer l'atmosphère. C'est une énergie qui ne revient pas trop cher.

Quand j'ai entendu qu'on allait construire une centrale à Golfech, à quelques kilomètres de la maison, je n'étais pas très content. Sans doute c'était un peu hypocrite et égoïste de ma part: tout simplement, je ne voulais pas sacrifier ma jolie campagne. En même temps, je savais que c'était positif pour l'économie du village. En effet, la centrale a créé beaucoup d'emplois.

Depuis la construction de la centrale, le village a changé à bien des égards. La Mairie a reçu plein d'argent du gouvernement. Ils ont aménagé la place centrale; ils ont construit une nouvelle salle des fêtes; et ils ont refait les trottoirs avec plein de fleurs partout. Tout ça m'inquiète un peu. On dirait qu'ils essaient de nous acheter. Qu'est-ce qu'ils ont à nous cacher?

Thème G, exercice 3

La première chose qui nous faisait peur, bien sûr, c'était de mourir. Mais nous étions conscients d'un autre danger énorme: les gaz ou les métaux lourds utilisés pendant les affrontements.

Le pire de tous, c'est l'uranium appauvri. Il a une toxicité radioactive terrible.

Lors des chocs, les obus émettent des fumées et des particules. Elles sont radioactives. Si on les respire, alors on peut avoir des problèmes au foie, aux reins, dans les poumons et les os. Ça veut dire cancers, leucémies... mais pas immédiatement, et c'est ça le pire. Certaines maladies mettent entre cinq et vingt-cinq ans avant d'apparaître.

Thème I, exercice 4

Francis Coffrigny est un habitant de ce plateau du Larzac. Il n'est pas très heureux du projet.

FC: On choisit d'habiter loin de la ville. On s'isole. On s'éloigne de la civilisation. Mais c'est la civilisation qui nous rattrape. C'est insupportable. Vous pensez que ce plateau est le seul endroit convenable? Vous pensez qu'il n'y a pas d'autres collines au vent? Et les oiseaux? Et les dolmens? Et tout notre tourisme naturel? Pour les Mairies, il faut que ça rapporte de l'argent. C'est tout ce qui compte. Mais moi, je pense qu'il ne faut pas défigurer ce qu'on ne peut jamais remplacer.

Unité 8: Le riche et le pauvre

Thème A, exercice 5

Vincent

À mon avis, le Loto, c'est comme une drogue et ça le rend dangereux. La plupart des gens ne choisissent pas de jouer au Loto. Ils y jouent parce qu'ils sont accrochés comme des drogués. Chaque semaine le jeu arrive comme leur dose et ils ne seraient pas contents d'en manquer une. Ils se trompent eux-mêmes en pensant que tout sera différent pour eux quand ils gagneront le gros lot. Mais ce rêve d'être milliardaire n'est pas sain. Il vaudrait mieux avoir plus de petits prix au lieu de ces grosses sommes.

Patrick

Moi, je ne suis pas d'accord. Ça ne fait pas de mal de rêver. Le Loto est à la portée de tous. C'est un jeu qui ne revient pas cher. En plus, ça ne nous engage à rien.

Moi je pense que c'est rigolo de choisir les chiffres selon les activités de la journée – l'heure du réveil, le numéro du bus, le prix d'une bière. Quand je gagne vingt euros, ça me met de bonne humeur pour la semaine.

Franchement, Vincent, je ne vois pas en quoi ça te gêne. En plus, personne ne t'oblige à le faire.

Thème C, exercice 1

Un commerce équitable

A

Les marchés internationaux ne sont pas justes. Comment des petits pays sous-développés peuvent-ils survivre face à la concurrence internationale? La variation des cours mondiaux est un autre problème très grave. Sans stabilité financière, ces petits pays vivent dans la précarité et la fragilité. En plus, les intermédiaires entre les producteurs et les consommateurs sont avides de profit. Cela diminue énormément les revenus des petits producteurs. Tout cela les place finalement dans un cercle vicieux de la pauvreté. Ils n'ont pas assez d'argent pour investir, se moderniser et donc ils restent profondément dépendants, sans autonomie.

B

L'Association Max Havelaar a été créée en Hollande en 1988. Au début, elle a suivi le cri d'alarme des petits producteurs de café au Mexique. Ils voulaient un commerce juste, pas de l'aide.

L'Association s'est implantée dans quatorze pays européens. En France, en particulier, elle s'est développée grâce à d'autres associations comme 'Ingénieurs sans Frontières' et 'Peuples Solidaires'. Max Havelaar était un héros hollandais du dix-neuvième siècle. Il dénonçait déjà l'exploitation des caféiculteurs dans les colonies néerlandaises.

c

L'Association Max Havelaar veut encourager des échanges plus justes entre le Nord et le Sud. Pour cela elle organise un commerce plus juste, plus équitable. Grâce à ce type de commerce, elle peut lutter contre la précarité des petits producteurs, surtout quand ils doivent faire face aux variations des cours mondiaux. Pour cela, elle ne s'engage pas à aider par des bourses spéciales par-ci par-là. Au contraire, elle travaille pour un développement durable. Elle demande pour cela que chaque communauté s'engage activement. Ces communautés doivent s'organiser en coopératives. Elles doivent avoir une organisation démocratique. Les bénéfices sont utilisés pour financer de nouveaux développements. Les communautés s'engagent aussi à utiliser des modes de culture qui préservent l'environnement.

De nos jours, l'Association Max Havelaar a sept produits labellisés: le café, le thé, le chocolat, le sucre, le miel, le jus d'orange et les bananes.

Thème D, exercice 4

Finalement, je n'ai pas eu de chance. À 12 ans j'étais orphelin, et j'ai vécu dans un orphelinat. J'ai passé mon bac et réussi à entrer dans un Institut Universitaire de Technologie. Une partie des études était payée par les bourses de l'état. J'ai aussi emprunté un peu d'argent. J'ai réussi mon examen – mais c'est impossible de trouver du travail! Ça, c'est terrible, car j'ai l'emprunt à rembourser.

Je vis dans un appartement délabré à l'est de Paris. Mais, heureusement, je touche le RMI. Cela me permet de survivre. Je sais que je finirai par trouver du travail, parce que je le veux. J'ai appris, en tant qu'orphelin, à me débrouiller tout seul. Mais je vois le cercle vicieux dans lequel les autres peuvent tomber. Ça serait si facile de se laisser aller!

Thème E, exercice 4

Je crèche à la Défense. Tu peux pas savoir comme ça gèle dans ma piaule. Je peux rien y faire. Je n'ai pas un rond, et je ne suis pas le seul. Mes copains dans mon HLM sont aussi fauchés que moi. Mais qu'est-ce que tu veux? Ce n'est pas de notre faute si on est crado.

J'avais du boulot à l'usine, mais on m'a mis à la porte quand ils ont trouvé que j'avais quatorze ans. Mon père dit que je suis un fils indigne. C'est pas juste, bordel.

L'an dernier, mon pote, Malik, a crevé sur le périph. Écrasé par la Mercedes d'un bon petit bourgeois. C'était un rigolo, Malik. Maintenant, il rigole plus. Mais les gens bien s'en fichent. Ça fait un beur de moins – c'est tout.

J'en ai ras le bol de la Défense. Ça pue. Vaut mieux crever comme Malik. Il ne fait pas froid au paradis.

Thème F, exercice 5

(a) Martine

Moi, j'ai 54 ans. Je travaillais dans une entreprise de marketing. Je gagnais trente mille francs par mois. Puis, j'ai été licenciée. Je n'ai pas pu retrouver de travail, alors maintenant j'ai peu de ressources. Avant, j'étais déjà engagée dans le soutien. Je faisais de la formation pour chômeurs – de l'alphabétisme: je leur apprenais à lire et à écrire.

Maintenant, j'ai beaucoup plus de temps et je le donne au Restos du Cœur. C'est sans hiérarchie, c'est simple, c'est humain.

À Nantes l'an dernier, on a distribué plus d'un million de repas. C'est terrible la pauvreté. Les enfants maigres et sales qui ont faim; les mères sans couches pour les bébés, les cheveux pleins de poux. Mais, c'est bon de pouvoir tendre la main. C'est bon de soulager les gens dans le besoin. Ça c'est la vraie politique.

(b) Jeanne

Moi, j'avais une vie tranquille. Le salaire de mon mari me permettait de ne pas travailler. J'avais une vie de luxe, je tenais tranquillement la maison et je m'occupais des enfants. Et puis, j'ai reçu un coup de fil de la police: ma fille venait d'être arrêtée pour traffic de drogue. J'apprenais ça subitement. J'apprenais aussi qu'elle était elle-même droguée.

Elle a été condamnée à deux ans de prison. C'est ça que j'ai découvert: les prisons. Les cris, les bruits, les ordres, l'ombre. Une horreur. Quand ma fille est sortie de prison, j'ai continué à y aller. Je rends visite, j'écoute, j'apporte des gâteries. Je viens d'organiser une maison qui accueille les familles des détenus. C'est comme réparer des déchirures.

Thème H, exercice 5

Marie

La ville pour moi, c'était terrible. Chaque fois que je rentrais de week-end ou de vacances, je me demandais 'est-ce qu'il faut vraiment que je rentre?' Toute la semaine, je vivais à fond la caisse, sans répit. Toute la semaine, je passais mon temps à gagner de l'argent. Cet argent servait uniquement à oublier la semaine, à payer des évasions de plus en plus nécessaires.

Alors, j'ai tout lâché. J'ai retrouvé les Pyrénées où je suis née. Je tiens maintenant des chambres d'hôte. Je gagne beaucoup moins d'argent, bien sûr, mais je vis chaque jour.

Olivier

Olivier Andrieu est informaticien, un spécialiste des sites Internet. Tout en continuant à travailler dans ce domaine, il s'est installé à Heiligenstein, un petit village en Alsace.

'Je dis toujours que la population de Heiligenstein comprend 800 habitants et un extra-terrestre! La ville et la campagne ont toujours du mal à se comprendre. Souvent les gens d'ici me prennent pour un fou. Ils ne peuvent pas s'imaginer que des gens normaux abandonnent le confort d'un bel appartement en ville juste pour venir s'installer à la campagne. En plus, ils ont vu leurs propres enfants partir faute d'emplois sur place. Et moi, j'amène mon travail ici. C'est difficile.'

Francis

Moi je suis originaire d'un petit village dans le Massif Central. J'ai fait de longues études supérieures de commerce et à 35 ans, j'avais d'énormes responsabilités dans une boîte Lyonnaise. Mais c'était l'enfer pour ma femme et

mes enfants surtout. C'était terrible de les voir grandir dans du béton et entre deux autoroutes. J'avais le sentiment de leur voler leur enfance. Je suis donc retourné à la campagne.

Unité 9: Santé physique, santé morale

Thème A, exercice 4

Michel

On dit bien qu'on a le meilleur système de santé du monde, mais il ne faut pas croire que ce soit aussi simple que ça. Tout le monde est couvert par la Sécurité Sociale – c'est vrai – mais certains ne trouvent pas les moyens de se payer l'assurance complémentaire. Alors, ils doivent réfléchir avant d'aller voir le médecin.

Les riches vont faire des cures chaque hiver dans des stations thermales en montagne. Les femmes aisées sont sans arrêt chez le spécialiste et se paient de plus en plus de luxes comme la chirurgie esthétique. Pour d'autres gens, la médecine française est toute autre chose: le strict nécessaire.

Omar

Ce n'est pas croyable. Ces Français sont toujours en train de se plaindre de leurs services médicaux. Moi, je trouve que c'est fabuleux ici. Quand je suis malade, je téléphone et j'ai immédiatement rendez-vous chez le médecin ou le spécialiste. Mon fils a passé une semaine à l'hôpital récemment. Il a été opéré d'une mauvaise appendicite. On l'a traité comme un roi. Les Français ne se rendent plus compte. Ça fait si longtemps qu'ils ont droit à la santé.

Thème B, exercice 5

Alain

Moi, ça fait huit ans que je fume. J'ai commencé quand j'étais ado. J'ai toujours roulé mes propres cigarettes; j'achète du tabac pas trop fort et un paquet me fait la semaine. Je suis tellement habitué à rouler mes cigarettes maintenant que je pourrais le faire les yeux fermés.

Je sais bien que fumer, c'est dangereux, mais pour moi, c'est presque comme un rite après les repas et c'est sociable avec les copains. Une cigarette, ça détend.

subtils. Quand les candidats se présentent et qu'ils les refusent, ils affirment qu'ils ne sont pas racistes, mais que leurs clients ne supporteraient pas la présence d'immigrés.»

Écoutez maintenant son collègue, Maître Olivier Noël. Il travaille depuis dix ans sur les discriminations raciales de l'ANPE – L'Agence Nationale Pour L'Emploi:

«On a remarqué dans le passé d'énormes problèmes au niveau des annonces pour les emplois. Les annonces sont mieux contrôlées maintenant.

Avant, les chefs d'entreprise justifiaient toutes leurs pratiques de discrimination par les exigences de la clientèle – c'est-à-dire, les entreprises qu'ils devaient conquérir. Après une lente et douleureuse prise de conscience sur le terrain, ils ont envie de changer. C'est bien d'avoir quelque chose de positif à dire!»

Thème C, exercice 4

Albert
Partout, il y a des Arabes, des noirs. Ils envahissent la France. Ils prennent tous les emplois. Ce n'est pas normal.

André
Les Arabes, ils ne savent pas travailler. Regardez l'Algérie. C'est terrible depuis qu'on est parti. Alors, ce n'est pas bien de les laisser travailler en France.

Sylvain
Il y a de la souffrance dans le monde entier. Alors, quand nous pouvons aider des étrangers qui ont souffert, qui ont faim et qui ont besoin d'un logement, nous devons le faire à tout prix.

Danièle
Moi, j'aimerais que l'immigration soit mieux contrôlée, pour garder de bonnes proportions. Il y a déjà de la misère en France, alors c'est pas raisonnable d'ajouter celle des autres pays.

Laure
Les frontières sont des lignes sur les cartes. Moi je pense qu'une personne est une personne, et elle reste la même personne où qu'elle soit. Les différences sont artificielles. Il est mauvais de se fixer dessus.

Véronique
Le Front National, c'est une honte. C'est un parti qui ment, qui trompe les gens. Il utilise le manque de sécurité à des fins fachistes. Il faut libérer la France du Front National.

Thème E, exercice 3

Ce que font nos voisins
Tour d'horizon du droit de vote des étrangers non communautaires dans les pays de l'Union européenne.

Irlande
C'est le premier pays européen à l'avoir reconnu. Depuis 1963, les étrangers, après six mois de résidence, disposent du droit de vote et d'éligibilité.

Suède
Décidé en 1975, le droit de vote et d'éligibilité est accordé aux étrangers après trois ans de résidence.

Danemark
Le gouvernement a appliqué les règles suédoises en 1981.

Pays-Bas
Accordé en 1985, le droit de vote est attribué aux résidents extracommunautaires présents après cinq ans de résidence.

Finlande
Seuls les étrangers originaires des autres pays scandinaves ont le droit de voter aux élections communales après deux ans.

Espagne et Portugal
C'est le principe de réciprocité qui a été retenu. Ces deux pays offrent le droit de vote aux ressortissants des pays qui l'accordent aux leurs.

Royaume-Uni
Depuis 1948, les résidents-citoyens du Commonwealth, et eux seuls, ont le droit de vote et d'éligibilité.

Belgique et Allemagne
Le droit de vote est prévu. Des projets sont en gestation.

Autriche, Grèce, Luxembourg
Comme la France, ces trois pays sont à la traîne. Rien n'y est prévu.

Thème E, exercice 4

La Chanson pour l'Auvergnat
The transcript is in the Student's Book.

Thème G, exercice 1

Camille

Quand il fallait quitter l'Algérie en 1962, on avait le choix entre la France et l'Espagne. Mes parents étaient Pieds-Noirs, des vrais, nés en Algérie comme leurs parents. Mais, du côté de mon père, il y avait des origines espagnoles. Il fallait donc choisir entre Alicante et Marseille. Étant donné que la plupart de nos amis pieds-noirs s'installait en France, nous avons décidé de faire pareil.

Au début, c'était très dur. On avait tout laissé en Algérie; on s'est retrouvé avec rien. Heureusement le gouvernement français nous a bien aidés. On nous a donné des crédits. Avec un emprunt, on a acheté un petit garage près de Lourdes. On vivait dans un appartement au-dessus et on travaillait beaucoup, mais on s'en est sorti.

Mauricette

Mes parents avaient anticipé les problèmes et on a donc quitté l'Algérie en 1960. Alors, on était déjà en France en '62 pour accueillir les autres. Ça s'est bien passé en général. On s'est bien intégré. Mais il reste l'impression que nous sommes des exilés. Les racines n'existent pas. L'idée de la nationalité est très vague.
Moi, j'ai toujours essayé de garder un peu de culture algérienne dans la cuisine. Je fais souvent du cous-cous, mais le mien est à cent pour cent authentique. C'est un vrai cous-cous de Pied-Noir.

Thème H, exercice 1

J: Juge Epiphane Ballo Zorro, merci d'avoir accepté de parler avec nous.

EBZ: C'est avec plaisir.

J: La situation actuelle en Côte d'Ivoire vous inquiète?

EBZ: Oui, c'est pour ça que je viens de créer le Mouvement Ivoirien des Droits Humains.

J: Quel est le problème?

EBZ: Je pense qu'il y a un risque réel de 'rwandisation' – c'est à dire il y a un risque de guerre civile entre les différents groupes ethniques qui habitent en Côte d'Ivoire – comme on l'a vu au Rwanda dans les années 90.

En Côte d'Ivoire aujourd'hui, on ne veut plus confier le gouvernement du pays à un étranger. Le problème, c'est que l'idée d'étranger est mal

définie. Les politiciens encouragent la haine entre les groupes ethniques pour arriver au pouvoir.

Par exemple, on fait la différence maintenant entre un Ivoirien de l'Ouest – comme Laurent Gbagbo, le nouveau Président – et un Ivoirien du Nord, comme son rival Alassane Outtara. On dit aujourd'hui dans ce pays qu'un bon ivoirien est celui qui appartient au peuple de la forêt dans l'ouest. On a besoin de redéfinir l'idée de nationalité parce que nous sommes dans un flou dangereux.

J: Que peuvent faire vos collègues, les magistrats, dans une telle situation?

EBZ: On ne peut pas compter sur eux. La justice ivoirienne est tenue par le pouvoir. Les juges pensent plus à leur carrière qu'à la justice.

Thème I, exercice 2

Mathieu Carlier

Normalement le racisme est basé sur des différences qui sont pleinement visibles. La haine veut une cible qui est facile à cerner. Donc, on vous attaque à cause de la couleur de votre peau, à cause de votre façon de parler, à cause de votre culture étrangère.

Avec l'antisémitisme, c'est différent. J'admets que dans le cas des Juifs orthodoxes, ça saute aux yeux: ils s'habillent de façon bizarre. Parfois aussi le nom de famille est révélateur d'origines juives. Mais souvent le Juif est impossible à distinguer. D'apparence, il est désespérément "normal". C'est donc un ennemi invisible.

Pendant la deuxième guerre mondiale, on a été obligé de marquer les Juifs d'une étoile jaune pour les reconnaître.

Finalement, il me semble qu'on nous haït pour des qualités qui viennent de l'intérieur. C'est donc une haine profonde qui ne se limite pas aux apparences. C'est ça qui fait peur.

Unité 11: L'État et l'individu

Thème A, exercice 1

En France, les citoyens élisent tous les cinq ans un corps de députés qui forment l'Assemblée Nationale.

Il y a plus de partis à l'Assemblée qu'en Angleterre. Par exemple, il y a un parti officiel de l'extrême droite. Il s'appelle le Front National. Il est actuellement partagé en deux groupes. Sa caractéristique principale est de considérer la France comme une terre pour les Blancs de souche française. C'est un parti qui veut interdire l'immigration, entre autre. Beaucoup le considèrent comme un parti raciste, xénophobe et nationaliste.

À l'autre extrême, il y a le Parti Communiste. Ses adeptes sont en général contre le fonctionnement capitaliste de l'économie. Ils sont contre la propriété. Ils veulent diminuer autant que possible l'écart entre les riches et les pauvres.

Ensuite, il y a les Verts. Ils sont généralement considérés comme un parti de gauche. Ce qui les distingue principalement des autres partis, c'est la volonté de faire de gros efforts au niveau de l'environnement. Ils veulent plus de lois, de structures, de contrôles pour protéger la planète. Le plus grand parti à gauche, c'est le PS. C'est-à-dire, le Parti Socialiste. Ses adeptes cherchent à diminuer l'écart entre les classes. Ils acceptent le marché capitaliste, mais ils le veulent modéré et juste. Ils insistent sur la répartition des biens. La droite est divisée en ce moment. Il y a deux partis principaux. D'abord, l'UDF – c'est-à-dire l'Union pour la Démocratie Française. C'est un parti centriste et modéré.

Et finalement, il y a le RPR – le Rassemblement pour la République. C'est un parti de droite. Il représente des valeurs traditionelles et est en faveur des institutions nationales. Il a tendance à regarder la France comme un pays à protéger des autres.

Thème B, exercice 4

L'union européenne se veut une démocratie, bien sûr. Pour certains, cependant, la grande critique, c'est qu'une fois que le citoyen a élu des représentants, ceux-ci se retrouvent loins et prennent des décisions étranges. Ils ne semblent plus alors motivés ni par les désirs ni par les besoins du peuple. Ils parlent beaucoup de finances, d'entreprises, de capitaux, de marchés… C'est un peu comme si les experts à la Commission de Bruxelles devenaient une aristocratie. Ils détiennent maintenant le pouvoir suprême. Ils se contentent lorsqu'ils ont pris des décisions, d'envoyer des informations sélectionnées aux peuples. Cela veut dire, finalement, que les gens ne décident plus, mais qu'ils sont juste des récepteurs d'informations.

Thème C, exercice 5

Le Parlement européen représente 'les peuples des états réunis dans l'Unité européenne' ainsi que le déclare le Traité de Rome de 1957. À l'heure actuelle 375 millions d'Européens de 15 pays participent, à travers leurs 626 députés au Parlement européen, à la construction de l'Europe.

En juin 1979 le Parlement européen est élu au suffrage universel direct. Pour la première fois dans l'histoire, et seulement 34 ans après la seconde guerre mondiale, les peuples de nations européennes autrefois déchirées par les guerres, se rendent aux urnes pour élire une même assemblée. C'est le plus éclatant symbole de réconciliation que les Européens pouvaient se donner.

Légitimé par le suffrage universel direct, le Parlement européen, qui est élu tous les 5 ans, a obtenu à travers toute une série de traités une influence et des pouvoirs sans cesse accrus. Les Traités successifs, et notamment les traités de Maastricht de 1992 et d'Amsterdam de 1997 ont transformé le Parlement européen d'une assemblée purement consultative en une assemblée législative, exerçant des pouvoirs comparables à ceux des parlements nationaux.

Nicole Fontaine

Thème D, exercice 6

À mon avis le vingt et unième siècle sera sans doute plus spirituel que religieux.

Beaucoup de Français aujourd'hui se construisent leur propre foi. C'est une forme de bricolage. Ils mettent ensemble un mélange de croyances, sans lien réel avec les structures de l'Église catholique.

Chacun pioche dans des croyances diverses. Il les choisit parce qu'elles sont conformes à son mode de vie. Il croit en quelque chose parce que cela lui convient de le croire.

La foi et les pratiques ne sont plus transmises de génération en génération. Elles sont sans cesse adaptées, changées, individualisées.

Alors, le résultat c'est qu'on trouve une forme de foi qui mélange un fonds de catholicisme avec des morceaux de boudhisme, parfois d'astrologie ou de valeurs 'new age'.

À la place des religions classiques on est en train d'installer un monde aux formes de spiritualité multiples. Le Dieu de la religion catholique n'a plus sa place dans ce monde, mais il reste présent sous d'autres formes dans les esprits.

Thème E, exercice 1

Les sectes sont un danger pour l'intégrité morale et physique. Les membres d'une secte n'ont pas la liberté de penser pour eux-mêmes, et ils sont souvent limités à des espaces géographiques fermés. Ni leur esprit, ni leur corps ne leur appartiennent.

Avec ces deux limitations, les gens se retrouvent très souvent déstabilisés dans leur tête: les sectes s'efforcent d'attaquer l'équilibre mental des adeptes. Ils deviennent ainsi plus dépendants. Souvent les sectes éloignent les personnes de leur environnement d'origine – surtout de la famille. Cela rend les adeptes plus vulnérables. Les sectes demandent la soumission totale des adeptes. Même dans les engagements les plus personnels, comme le mariage, les adeptes doivent accepter la volonté du dirigeant. D'où parfois, l'obligation qu'ont les femmes d'accepter la bigamie.

Dans les sectes, on embrigade, on formate les adultes et les enfants surtout avec un système de règles et d'idées étroites. Cela cache, bien souvent, la vraie motivation des chefs. Il ne faut pas se faire d'illusion: le gain financier motive les leaders de ces groupes. Par conséquent, les membres sont obligés, dans certains cas, de donner tout ce qu'ils possèdent.

Pour conclure, je dirais qu'il ne faut pas sousestimer les sectes. Elles exercent parfois une influence dans la politique et l'économie en plaçant leurs adeptes dans des postes clés. Il faut donc rester très vigilant!

Thème F, exercice 1

La Mauvaise Réputation
The transcript of this Brassens song is in the Student's Book.

Thème G, exercice 3

(a) C'est la loi du plus fort qui règne. Les chefs dominent par la force, donc ils sont quasiment obligés de provoquer des bagarres, juste pour avoir l'occasion de montrer leur supériorité. Ces jeunes sont exclus de la société. Ils font ailleurs d'autres sociétés avec des règles encore plus autoritaires. Cela montre la virilité. Les filles souffrent énormément dans ces groupes. La violence, c'est la norme, même dans les rapports sexuels.

(b) Je suis inquiet pour le futur. Il y a de plus en plus de jeunes dans ces bagarres. Avant, il se battaient contre la société, contre les bâtiments. Maintenant, ils se battent entre eux, entre quartiers. Le défi est contre le voisin. C'est étrange et incompréhensible. Le plus terrible, c'est le degré de violence. Cela me fait penser au système américain. Il est plus violent, plus armé, plus organisé.

Thème H, exercice 1

Vous allez entendre un entretien avec Christian Couderc, policier à Bagatelle, un quartier très difficile de Toulouse:

TT: Pour commencer, Christian, dites-nous, quel est votre travail exactement?

CC: Je suis policier, donc je porte un uniforme et je suis armé. J'aide à résoudre les problèmes de la cité Bagatelle.

TT: Comment décririez-vous cette cité?

CC: C'est une cité d'HLM. Les gens vivent entassés dans de petits appartements, les uns sur les autres. Point de vue logement, ça laisse vraiment à désirer. Les gens habitent dans des cages à lapins.

TT: Qu'est-ce qui occupe la plupart de votre temps?

CC: Les vols, sans aucun doute. Le taux de chômage est très élevé, surtout parmi les jeunes de la cité. Ils manquent d'argent, mais ils ne manquent pas de temps libre. Des conditions idéales pour encourager le vol, quoi.

TT: Qu'est-ce qui est volé?

CC: De tout, de tout. Les voitures et les motos le plus souvent. C'est comme si les gens voulaient partir. Comme si la priorité était d'échapper à la cité.

TT: Est-ce qu'il y a un aspect positif de votre travail?

CC: Quand même, oui! Le contact avec les jeunes de quinze à dix-huit ans. Ils font les durs, mais beaucoup d'entre eux sont bons finalement. Ils se disent contre nous, mais ils viennent nous parler. Parfois même, ils nous confient des sentiments personnels. Ça montre bien que nous sommes acceptés. Ça fait plaisir.

TT: Qu'est-ce qui serait bon pour l'avenir de Bagatelle?

CC: Un centre de formation pour les jeunes. Il faut apporter un apprentissage constructif. Il faut encourager leur intégration dans la société. Il faut absolument récupérer ces jeunes. Sinon, où est-ce qu'on va?

TT: Vous comptez rester longtemps à Bagatelle?

CC: Non. J'ai déjà demandé ma mutation. Ça va sans doute me manquer, mais je pense qu'il ne faut pas rester trop longtemps. C'est quand même dur – surtout qu'on a l'impression que la situation ne change pas!

Unité 12: Mouvements et tendances

Thème A, exercice 6

Vous allez entendre cinq personnes qui parlent de la semaine de 35 heures.

Bernard

Pour moi, c'est un système injuste. Il n'affecte pas tout le monde de la même façon. En ce qui concerne mon emploi de médecin généraliste, il est impossible de travailler moins. Les patients comptent sur nous. Si j'essaie de couper mes heures de travail, alors je perds des clients. Les trente-cinq heures, pour moi, c'est impossible.

Yvette

À l'école l'an dernier j'ai fait un BTS et je suis maintenant secrétaire trilingue dans une PME. C'est une bonne idée, ces 35 heures et nous sommes d'accord que de travailler moins est une bonne chose. Le problème, c'est lorsqu'on demande à nos ouvriers, qui ne gagnent que le SMIC, d'accepter une baisse de salaire. Pour beaucoup, ce n'est pas possible. Ils ont déjà du mal à finir les fins de mois. Nos ouvriers ont voté en grande majorité contre les 35 heures et la baisse de salaire. Là, il faut les comprendre.

Claude

Je viens d'apprendre qu'avec le système des 35 heures, je récupère 20 jours de repos de plus. Mon salaire n'est pas touché. Les 35 heures pour moi, c'est fantastique. Ça va me permettre de respirer un peu, de raccourcir les journées et de diminuer le stress. C'est à souhaiter pour beaucoup de monde.

Mohammed

Eh oui, quinze jours de congés de plus pour moi. Ça paraît super, mais le problème, c'est qu'il n'est mentionné nulle part de diminuer le travail. Donc, pour gagner mes congés supplémentaires, il va falloir que je travaille encore plus dur pendant les 35 heures officielles. Je ne sais pas si cela est bien possible.

Les 35 heures, c'est une idée super, à condition de créer des emplois pour combler les creux.

Martine

Je viens de quitter l'école et je n'ai pas encore trouvé de travail. À mon avis, la solidarité est une très bonne chose. Avec les 35 heures, on encourage les gens à partager. Ils travaillent un peu moins, gagnent un peu moins peut-être. Cela crée des emplois et c'est fabuleux. En plus, on voit qu'il y a un sentiment de communauté dans le pays.

Thème B, exercice 2

Écoutez le témoignage d'une Française qui a voyagé avec une association, Djembé, en faveur du tourisme solidaire. Il est suivi du témoignage de son hôte en Côte d'Ivoire.

Française: Nous, on a eu un week-end de préparation quelques semaines avant le départ. On nous a donné des conseils simples: ne pas porter de bijoux, des objets tape à l'oeil. On nous a expliqué des choses plus importantes aussi. Pour les Africains, par exemple, l'eau est sacrée. Il ne faut pas boire à n'importe quel moment. Tous ces conseils, il me semble, m'ont aidé à ne pas faire trop de gaffes pendant mon voyage en Côte d'Ivoire.

Ivoirien: On nous prépare sur les habitudes des gens qui vont venir. On demande aux enfants de ne pas mendier.

On nous encourage à travailler nos champs en même temps. Djembé ne veut pas que nous devenions dépendants du tourisme. Il ne doit pas devenir notre ressource principale. À Doudou, il n'y a pas de séjours pendant la saison des pluies. Pendant les pluies, on sème et on récolte. Dans ces conditions, nous sommes très heureux d'accueillir les étrangers.

Thème C, exercice 3

Vous allez entendre deux Français, Jacques et Martine, qui parlent de leurs impressions du G8.

Jacques

Cette organisation mondiale me semble bonne. Si on laisse les individus travailler seuls, à leur niveau, ils sont très vite bloqués. Ce qu'ils font est bon, mais ils ne peuvent jamais aller loin. Puisqu'on sait que les gouvernements tiennent la clé des problèmes, il vaut mieux les laisser organiser de bonnes structures internationales dans lesquelles les individus peuvent alors œuvrer.

À quoi bon, par exemple faire un effort pour l'environnement et essayer, chez soi, de limiter la production de gaz à effet de serre, si les USA continuent leurs excès à fond de cale?

Martine

Moi, je trouve ça atroce. C'est un club des riches qui n'existe que pour les riches.

Ils prétendent s'occuper du bien-être de tous. Mais ce que je vois, c'est un tas de pays super-puissants qui prennent de grosses décisions sur les finances, la mondialisation, l'organisation des banques et des marchés internationaux sans consulter les gens. Ils ne se soucient pas des pays pauvres. Ils font juste semblant.

Ce qui les intéresse vraiment, c'est l'argent!

Thème D, exercice 5

TT: Anne Doulut, merci d'avoir accepté de nous parler. Tout d'abord, dites-nous: qu'est-ce qui vous a poussé à travailler pour *Médecins Sans Frontières*?

AD: Je me suis rendue compte, il y a six ans environ, que des milliers de gens mouraient de maladies curables parce que ces gens étaient trop pauvres pour acheter les médicaments prescrits.

TT: Vous avez un exemple précis à nous donner?

AD: Bien sûr. C'est malheureusement trop facile de trouver des exemples. Prenons le cas du sida en Afrique du Sud.

Les traitements qui ralentissent cette maladie coûtent entre 660 et 1320 euros. Or, le salaire moyen d'un employé atteint seulement 594 euros.

TT: Et pourquoi est-ce que les médicaments coûtent si cher?

AD: Il faut dire que ça revient cher de fabriquer un médicament. Souvent ça demande une dizaine d'années de travail de recherche et un investissement de plus de 200 millions d'euros.
Quand on pense que la compagnie pharmaceutique veut faire du bénéfice là-dessus, on commence à comprendre pourquoi les médicaments sont si chers ...

TT: Alors, ça veut dire que les industriels font toujours passer leur profit avant la santé des malades?

AD: Ça arrive, c'est sûr. Mais avec *Médecins Sans Frontières*, on lutte contre cette injustice. Certaines grandes compagnies nous ont offert des traitements à bas prix pour le sida: ils ont divisé le prix du traitement par dix. Cela représente la différence entre la vie et la mort pour des milliers de gens.

Thème F, exercice 5

Paris vient d'élire un Maire gay. Comment les habitants d'outre-Manche ont-ils reçu la nouvelle?

B: Très bien, ma foi. Dans le Times, on applaudit "le courage et l'honnêteté" de Delanoë. Il n'a pas eu peur de parler de sa vie personnelle quand il n'était que Sénateur.

A: Vous ne pensez pas que son honnêteté aurait pu lui coûter les élections?

B: Non, pas vraiment. En fait, je me demande même si sa démarche ne lui a pas été profitable.

A: Les Italiens, plus conservateurs et traditionnels, ont-ils été choqués par la nouvelle?

B: Dans *La Republica*, je vois qu'on banalise la chose. On présente Paris comme une capitale sophistiquée et moderne. Un Maire gay lui est bien adapté. Il va parfaitement avec le ton de l'époque.

A: Vous pensez donc que les Italiens pourraient à leur tour élire des Maires gay à Rome?

B: Ça, c'est toute une autre histoire. Erico Benedetto pense que la société italienne est trop méditerranéenne. C'est-à-dire, elle est trop axée sur la famille, les valeurs traditionnelles. Une campagne électorale sans l'épouse et les enfants derrière l'homme ne serait pas facilement acceptée. Surtout après les années Berlusconi.

A: Et outre-Atlantique, quels sentiments ressentez-vous?

B: Les USA sont partagés. L'élection d'un Maire gay serait envisageable à San Francisco, New York ou Los Angeles. Mais elle serait totalement impossible dans les états conservateurs comme la Floride, le Texas ou la Louisiane.

A: L'élection à Paris n'a donc pas été complètement condamnée?

B: Non, mais le plus étonnant pour les Américains, parce qu'ils attachent beaucoup d'importance à la sexualité, c'est de voir la tolérance des électeurs français.

A: Vous ne pensez pas, vous, que cette tolérance est juste superficielle?

B: Non. La campagne électorale a été très dure, sèche. Les candidats n'ont pas été épargnés. Mais, comme l'a remarqué Joachim Prieto dans *El País*, Bernard Delanoë n'a jamais été attaqué sur son homosexualité. Même ses adversaires de droite et d'extrême droite n'ont rien dit sur ce sujet. Le *New York Times* a même décerné à cause de cela "un bon point à Paris".

A: Le monde aime toujours la capitale française?

B: Oui, sans aucun doute.

Thème H, exercice 4

Ma machine a pour but de simplifier le travail de construction des routes. Elle permet d'éviter aux constructeurs d'avoir à amener des tonnes de ciment pour préparer la terre. La nouvelle machine produit sur place un produit de substitution qui va remplacer le ciment. Je vais vous expliquer comment ça marche. On alimente la machine avec de la terre argileuse. Elle sèche cette terre. Elle la transforme en fine poudre.

Ensuite, cette poudre est cuite très rapidement à haute température: 800°C en fait! Cette cuisson lui donne les propriétés voulues. Après, elle est refroidie. Et voilà, on peut passer à la construction de la route – sans amener le ciment de l'extérieur.

La machine est énorme: elle fait douze mètres de long. Elle est amenée par un tracteur-remorque. Puis elle est relevée et elle se présente comme une grande tour.

Il m'a fallu six ans pour dessiner et réaliser cette machine. Mais elle en vaut la peine. Elle simplifie le travail des hommes. Elle accélère la fabrication des routes. Elle utilise le sol directement et ne crée pas de déchets. Elle est très écologique. On n'a pas besoin d'apporter le ciment. Mon grand projet maintenant, c'est de l'amener dans des pays en voie de développement. Là, le ciment est très cher. En plus, les pistes sont souvent difficiles ou dangereuses. Cette machine pourrait permettre à des pays pauvres de créer des routes moins chères, tout en préservant l'environnement.

Le Brésil semble intéressé. C'est bien, ça, non? En tout cas, cela me paraît l'avenir logique de cette machine.

Thème I, exercice 1

Quand on n'a que l'amour
The transcript is in the Student's Book.

Units 1 and 2: Assessments

1
Thomas
Pour moi, la famille représente la stabilité. C'est rassurant, car elle est toujours là. J'aime beaucoup cela.

Édouard
Je ne sais pas trop ce que c'est la famille. À la maison, il n'y a jamais personne car mes deux parents travaillent. En plus, je suis fils unique.

Anne
Je suis très attachée à ma sœur et à ma mère. On parle beaucoup. On partage tout. Une famille comme ça, ça n'a pas de prix.

Léa
On ne choisit pas sa famille. Mes parents ne sont pas tolérants, alors je préfère les amis. Avec eux, je peux parler honnêtement.

2
Thomas
J'aime me reposer. Je ne fais pas grand chose quand je ne travaille pas. Je m'asseois, je lis, je regarde un peu la télé.

Édouard

Pendant mon temps libre, je fais beaucoup de sport. J'aime le tennis, la natation. Parfois je vais voir un bon match de foot.

Anne

Ma passion pendant le temps libre, c'est les maquettes. Je suis une spécialiste des maquettes d'avion. Beaucoup de gens sont étonnés de découvrir mon passe-temps, mais c'est une activité calme. J'aime me reposer aussi.

Léa

Ce que j'aime, c'est sortir. Je vais beaucoup au cinéma et voir des concerts de musique pop. Mais je fais aussi un peu de tennis.

Units 3 and 4: Assessments

1. Problèmes au travail

Je travaille depuis huit ans comme ingénieur des télécommunications dans une entreprise privée. Nous installons des systèmes très performants. Au sommet, il y a mon patron. C'est un incapable. Son père l'a aidé à décrocher le poste. Mais tout ce qu'il aime, c'est gagner beaucoup d'argent.

Ensuite, il y a moi. Je suis responsable d'une équipe de quatre hommes. Je dois les organiser et répartir le travail. Malheureusement, le plus jeune de ces hommes n'est jamais content. Il se plaint sans cesse. Il provoque des disputes. Alors l'ambiance est détestable dans notre groupe. Cela me stresse beaucoup car j'aime mon travail, mais en ce moment, je ne peux pas l'apprécier. Alors, il y a deux solutions: soit renvoyer ce jeune parce qu'il est insupportable, mais celà est très cher pour une petite entreprise, soit c'est moi qui dois chercher un autre emploi. Et je dois avouer que j'ai un entretien dans huit jours. J'espère que ça va marcher.

2. Scandale en Bourgogne

Début décembre en l'an 2000, un gros scandale a éclaté en Bourgogne. Un ouvrier a dénoncé son patron. Ceci s'est passé dans une société d'embouteillage de vin.

Les policiers ont fait une enquête: ils ont découvert un système de fraude étonnant. Dans cette entreprise, on mettait des étiquettes de très bons vins de la région sur de mauvais crus. De même, on améliorait certains vins de la façon suivante: on mélangeait de grands crus avec de mauvais vins pas chers interdits normalement en Bourgogne. Ces mauvais vins ajoutaient de la couleur et faisaient monter le degré d'alcool.

La police poursuit l'enquête et continue à trouver des fraudes similaires chez d'autres producteurs de Bourgogne.

Units 5 and 6: Assessments

Anna

J'ai une horreur grandissante pour les portables. Ils sont en train d'envahir notre monde et personne ne veut réfléchir aux conséquences. Je les trouve affreux. L'autre jour, à Euromarché, la cliente devant moi à la caisse parlait dans son portable. La conversation était sans importance: j'entendais clairement qu'il s'agissait de tout et de rien. Sans doute parlait-elle à un proche. Pendant la conversation, elle n'a jamais regardé la caissière. Elle ne lui a pas adressé la parole et elle est partie, les sacs à la main, le portable coincé entre l'épaule et l'oreille. Ce manque de politesse devient de plus en plus fréquent, et je trouve ça abominable.

Hamed

Le portable, c'est extraordinaire. On peut contacter *qui* on veut, *où* on veut, *quand* on veut. C'est un outil fantastique dans les communications. Finis les messages qui ne sont jamais reçus. Avec le portable, on est toujours disponible. Ça nous soutient au travail, comme dans la vie privée. C'est fantastique.

Franck

Le portable permet une conversation entre deux personnes où qu'elles soient. On peut toujours parler. Ce qui me plaît le plus dans cet outil, c'est sans doute la sécurité qu'il donne à ceux qui le portent. Et ce n'est pas seulement pour les personnes âgées. Un exemple typique: pendant nos vacances, nous sommes rentrés un soir par les petits chemins. Nous avons retrouvé un motocycliste accidenté. Nous étions loin de tout, mais nous avons pu appeler immédiatement une ambulance. Dans des cas comme ça, le portable peut sauver la vie de quelqu'un.

Bien sûr, les inconvénients viennent avec l'abus de cet outil. On voit partout des gens qui parlent. Ils n'ont rien à se dire vraiment, mais comme ils ont un portable, il faut bien qu'ils se téléphonent! Alors, pour moi, le mieux, c'est comme partout: le portable, c'est à consommer avec modération.

Units 7 and 8: Assessments

La lettre K7 de Sylvain

1. Vous écoutez les nouvelles? Alors, vous savez que vous mangez des produits transgéniques tous les jours? Pour le blé, cela ne fait que commencer. Mais les trois quarts des autres céréales sont déjà modifiés génétiquement. Ça me rend fou parce que je veux savoir ce qu'il y a dans mon assiette. Il faut qu'on sache ce qu'on mange. En plus, je suis terrorisé à l'idée que personne ne réglemente tout cela. La raison? Évidemment, c'est que trop de gens profitent du marché qui se cache derrière.

2. Ma dernière passion écologique, c'est la construction des maisons. On peut faire une maison en bois et en terre crue. Eh oui, c'est possible. Et c'est complètement biologique. Si on veut, on peut la faire tomber et l'étaler dans un champ, elle est biodégradable et ne laisse pas de pollution.

3. J'ai lu quelque chose au sujet des matériaux récemment. Le ciment, on le produit en énormes quantités depuis la dernière guerre. Eh bien, ce matériau est une cochonnerie. C'est un polluant et il n'est pas recyclable. À l'opposé, le bois et la terre sont épatants.

Units 9 and 10: Assessments

Première partie

Augustin, merci d'avoir accepté de nous parler. Pouvez-vous nous présenter brièvement la situation politique à Kinshassa, la capitale du Zaïre?

Merci de l'intérêt que vous portez aux demandeurs d'asyle – comme moi-même. Ce qui caractérise la situation à Kinshassa, c'est le manque de stabilité. Le pouvoir y est acquis par la force, et il est gardé par la force également. Chaque fois que le gouvernement change, les gens du gouvernement antérieur doivent disparaître. Cela entraîne davantage de violence.

Deuxième partie

Vous faisiez partie du gouvernement?

Non, mais j'étais responsable d'un groupe politique démocrate. Notre but, c'était de motiver la population afin d'installer un pouvoir qui représentait le peuple et la liberté d'expression. On voulait abolir la tyrannie par la force armée. Mais les soldats nous ont arrêtés et mis en prison.

Troisième partie

Quel chemin avez-vous parcouru entre la prison et la France?

Un soir, des gardes de la prison nous ont mis dans un camion et nous avons quitté la ville. Je pense que leurs ordres étaient de nous tuer dans la campagne, pour ne pas laisser de traces. Mais des soldats ont bloqué le camion et nous ont relâchés. Je ne sais pas pourquoi. Ensuite, nous avons été recueillis dans un village et un prêtre a organisé des papiers et un avion pour que nous quittions le pays.

Units 11 and 12: Assessments

Haro sur le bébé design.

Vous allez entendre un extrait des informations du jour sur les dernières techniques permettant de choisir le sexe des bébés.

Ça y est! Des cliniques privées offrent la possibilité de choisir le sexe du bébé à naître. Ce qui est interdit par la loi dans le système d'état est devenu possible dans certains cabinets médicaux indépendants. Dans cinq cliniques déjà, on peut garantir le choix du sexe de l'enfant jusqu'à 80%. Les techniques nous viennent d'Amérique et continuent à progresser.

La nouvelle n'est pas reçue partout les bras ouverts. Il y a certainement des conséquences génétiques qui ne sont pas toutes contrôlées et certaines présentent le danger de défauts possibles chez le bébé ainsi conçu. Beaucoup de gens parlent par ailleurs d'eugénisme. Il faut se rappeler que la loi permet aux parents de choisir le sexe du bébé seulement s'il y a de gros risques de malformation liés au sexe. Mais choisir d'avoir un garçon ou une fille pour des raisons sociales et non des raisons médicales est une toute autre affaire.

Faut-il donc changer généralement d'attitude? Avec le progrès de la science, les dangers liés à cette technique qui permet de choisir le sexe du bébé vont disparaître. Pourquoi ne pas donner le choix aux parents lorsque la préférence est importante?

G1

The present tense

1 **Terrain facile**

1. t'entends; **2.** veulent; **3.** faisons; **4.** suis;
5. manges

2 **Terrain moyen**

1. venons; **2.** depuis

3 **Terrain difficile**

1. Quand est-ce que tu travailles?
2. Je me lève à six heures trente en semaine.
3. Tu prends du sucre?
4. Comment ça va aujourd'hui?
5. Les Français boivent plus de vin rouge que les Anglais.
6. Nous agaçons les voisins.
7. Est-ce que tu penses qu'ils exagèrent?
8. Je m'entraîne le samedi.
9. Quand ma mère travaille tard, c'est moi qui cuisine le repas.
10. Ce que vous dites est absolument impossible!

G2

Negatives

1 **Terrain facile**

1. personne; **2.** plus; **3.** rien; **4.** jamais; **5.** que

2 **Terrain moyen**

1. Je ne dois rien manger avant l'intervention.
2. Après, je ne pourrai manger que de la glace.
3. Vous n'avez ni passeport, ni carte d'identité?
4. Je n'ai aucune idée non plus.
5. Rien ne vaut un bon café le matin.

3 **Terrain difficile**

1. Personne ne me comprend.
2. Il ne rentre que tard.
3. Je ne veux plus jamais y aller.
4. Ce n'est guère important.
5. Elle ne veut voir personne en ce moment.

G3

The future tense

1 **Terrain facile**

1. jouera; **2.** resterons; **3.** arriveras; **4.** viendrai;
5. enverront

2 **Terrain moyen et difficile**

1. Il pleuvra tout le week-end.
2. Est-ce qu'il vous enverra la facture?
3. Quand vous arriverez, vous trouverez la clé derrière la plante.
4. Venez nous voir la semaine prochaine quand vous aurez le temps.
5. Elle nous tiendra au courant.
6. Je serai en vacances la semaine prochaine.
7. Quand j'aurai dix-huit ans, j'achèterai une voiture d'occasion.
8. Qu'est-ce que vous ferez?
9. Nous le saurons la semaine prochaine.
10. Nous l'achèterons le mois prochain.

G4

The conditional

1 **Terrain facile**

1D; 2C; 3F; 4A; 5E; 6B

2 **Terrain moyen**

1. Il a dit qu'il me téléphonerait.
2. Il a dit que cela serait facile.
3. Il a dit qu'il nous rattraperait.
4. Il a dit qu'il ne changerait pas d'avis.
5. Il a dit qu'il y aurait du monde sur la route.

3 **Terrain difficile**

1. Si nous partions de bonne heure, nous éviterions la circulation.
2. Elle viendrait aussi, si possible.
3. Il n'y aurait pas de place.
4. Ils devraient téléphoner plus souvent.
5. Nous ne pourrions pas rester.

G5

The perfect tense

1 Terrain facile

1. Nous avons quitté la maison vers deux heures.
2. Nous sommes arrivés au Tunnel en début de soirée.
3. À Calais, nous avons pris l'autoroute qui longe la côte.
4. Nous sommes descendus jusqu'à Rouen.
5. Nous nous sommes logés dans un Hôtel Formule Un.
6. Le lendemain nous avons poursuivi notre route.
7. On s'est arrêté une ou deux fois en route.
8. On a évité les bouchons à Cahors en prenant les petites routes de campagne.
9. Ils ont fini de construire l'autoroute entre Souillac et Cahors.
10. Je me suis couché pour faire la sieste quand nous sommes arrivés.

2 Terrain moyen

1. sont allés; 2. ont pris; 3. était; 4. sont arrivés; 5. il y avait; 6. a distribué; 7. voulaient; 8. dormaient; 9. est entrée; 10. prenaient

3 Terrain difficile

1. Ils se sont rencontrés en vacances l'an dernier.
2. Les assiettes qu'elle a achetées en Israël étaient d'origine italienne.
3. Combien de pizzas est-ce que tu as mangées?
4. Notre voiture est tombée en panne juste en dehors de Calais.
5. Les photos qu'elle a prises en Corse étaient toutes surexposées.

G6

1 Terrain facile

1. Il a dit qu'il voulait y aller.
2. Ils ont dit qu'ils avaient l'intention de partir de bonne heure.
3. Ils ont dit qu'ils ne mangeaient pas de viande.
4. Il a dit qu'il ne voyait pas d'inconvénient.

5. Il a dit qu'il achetait tous ses vêtements chez Gap.

2 Terrain moyen

Exemple: Quand j'étais petit, je croyais au Père Noël.

3 Terrain difficile

1. Nous venions de déménager quand j'ai commencé à l'école secondaire.
2. S'il parlait plus lentement, ce serait plus facile à comprendre.
3. Il attendait depuis trois heures!
4. Nous parlions de ce qu'il voulait faire.
5. Si on allait au cinéma?

Relative pronouns

1 Terrain facile

1. qui; 2. que; 3. qui; 4. dont; 5. que

2 Terrain moyen et difficile

1. Les questions qu'il a posées étaient très difficiles.
2. J'ai contacté la femme dont j'ai trouvé le sac dans le bus.
3. La femme que j'ai vue en ville était J.K. Rowling.
4. Le livre que tu m'as recommandé était fantastique.
5. Elle m'a donné les informations dont j'avais besoin.
6. C'était l'occasion dont ils avaient toujours rêvé.

G7

Demonstratives

1 Terrain facile

1. cet; 2. celui; 3. cet; 4. celles; 5. ces

2 Terrain moyen

1. J'ai un bon ordinateur mais celui de Mylène est plus moderne.
   I've got a good computer, but Mylène's is more modern.
2. Ceux qui veulent y aller doivent s'inscrire avant midi.

Those who want to go must sign up before midday.

3. La liberté des uns s'arrête là où commence celle des autres.
One man's freedom stops where another man's begins.

3 Terrain difficile

1. J'avais oublé mon portable, alors j'ai utilisé celui de mon correspondant.
2. J'aime cette veste, mais je préfère celle que nous avons vue chez Next.
3. Quel livre est-ce que tu recommandes? Celui-ci ou celui-là?
4. Quelle cassette? Celle que tu m'as donnée la semaine dernière.

G8

Prepositions

1 Terrain facile

1. à; 2. à; 3. de; 4. de; 5. à

2 Terrain moyen et difficile

1. L'année dernière nous y sommes restés pendant un mois; l'année prochaine nous y allons pour quinze jours.
2. Une école sur trois a de graves problèmes de discipline.
3. Ça n'a pas pris longtemps. Je l'ai fini en dix minutes.
4. Dépêchez-vous! Elle sera là dans dix minutes!
5. Nous habitons à 100 kilomètres de Londres.
6. Il semble être en faveur de la guerre.
7. Il a besoin d'une veste en cuir.
8. Vers midi il a couru vers la cantine.
9. La fille aux cheveux bruns est ma sœur.
10. Sous John Major il a accepté un poste outre-mer.

G9

Infinitives

1 Terrain facile et moyen

1. *de*: I try to eat a balanced diet. 2. *de*: The doctor advised me to cut down on meat. 3. *à*: I still eat everything, but I am careful all the time. 4. – : I prefer to know exactly what I am eating. 5. *de*: They had forgotten to take the dessert out of the

freezer. 6. *à*: Can you manage to open this jam jar? 7. – : We are planning to buy more organic produce from now on. 8. *de*: They offered to prepare the meal. 9. *à*: Oysters? I have trouble swallowing them! 10. *de*: He runs the risk of putting on weight if he carries on like that!

2 Terrain difficile

1. Il leur a demandé de se dépêcher.
2. Nous allons les encourager à acheter des produits bio.
3. On ne permet pas aux étudiants de consommer de l'alcool dans l'enceinte de l'école.
4. J'ai arrêté de manger de la viande après avoir vu un documentaire.
5. On peut manger beaucoup de sucre sans s'en rendre vraiment compte.

G10

Object pronouns

1 Terrain facile

1. lui; 2. les; 3. leur; 4. lui; 5. le

2 Terrain moyen et difficile

1. N'oubliez pas de le leur donner!
2. Il lui a donné de l'espoir.
3. Est-ce que Vincent a perdu mes livres? Je les lui ai prêtés l'an dernier!
4. Tu devrais lui en parler.
5. Je le lui ai confisqué.

G11

The passive

1 Terrain facile

1. Ils ont été surpris par votre question.
They were surprised by your question.
2. On nous a demandé de donner un coup de main.
We were asked to give a hand.
3. La voiture a été réparée par un mécanicien.
The car was repaired by a mechanic.

2a Terrain moyen

1. Ces chocolats se vendent uniquement à Noël.

2. Le *t* ne se prononce pas.
3. La ceinture de sécurité les a sauvés.
4. On n'avait pas distribué les invitations.
5. On l'a arrêté chez lui.

2b Terrain moyen

1. La nourriture a été contaminée.
2. Des farines contaminées ont été vendues.
3. Tout l'équipement a été changé.
4. Des mesures rigoureuses ont été prises.
5. De nouveaux systèmes ont été mis en place.

3 Terrain difficile

1. On m'a promis une augmentation de salaire cette année.
2. On leur a dit que c'était impossible.
3. Ils ont été dérangés par un bruit terrible.
4. Ils ont été arrêtés hier.
5. Cinq personnes ont été tuées par l'explosion.
6. Le livre sera publié l'été prochain.
7. On vous tiendra au courant.
8. On lui a demandé si elle voulait regarder.
9. J'ai découvert que la maison était déjà vendue.
10. Elle a été vendue la semaine dernière.

G12

The subjunctive (1)

1 Terrain facile

1. Il faut que vous finissiez le travail avant la fin du cours.
2. Je veux qu'elle réussisse.
3. Il faut qu'il prenne un sac de couchage.
4. Je veux que nous fassions du ski cette année.
5. Il faut que vous soyez à l'heure.
6. Je veux que nous arrivions avant la tombée de la nuit.
7. Il faut que tu reviennes demain.
8. Je veux qu'elles le sachent.
9. Il faut que tu puisses le faire tout seul.
10. Je veux qu'ils aient une bonne note.

2 Terrain moyen

1. sortes; 2. finisse; 3. puisses; 4. pourrais; 5. sois; 6. fasses; 7. dises; 8. jure; 9. ne mens pas; 10. connaisse

3 Terrain difficile

1. Je ne pense pas que ce soit vrai.

2. Il a parlé lentement pour que je puisse comprendre.
3. Bien qu'il fasse froid, nous allons sortir.
4. Les parents aiment leurs enfants en général quoi qu'ils fassent.
5. J'ai peur qu'il ne prenne la décision trop vite.

G13

Reflexive verbs

1 Terrain facile

1. se téléphone; 2. vous sentez; 3. se lèvent; 4. ne se comprend pas; 5. te débrouilles

2 Terrain moyen

1. Je me suis levé de bonne heure.
2. Nous nous sommes téléphoné régulièrement.
3. Elle s'est lavé les cheveux.
4. Elles se sont rendues compte de leur erreur.
5. Elles se sont dépêchées pour arriver à l'heure.

3 Terrain difficile

1. Comment ça se prononce?
2. Je m'entends bien avec mon frère.
3. Cela ne se fait pas en France.
4. Je me suis fait avoir!
5. Ils se sont bien amusés.

G14

Faire + Infinitive

1 Terrain facile

1. Nous avons fait venir un plombier.
2. Je ne ferais pas construire une piscine là.
3. Il a fait changer les pneus avant le contrôle technique.
4. Tu vas me faire pleurer.
5. Le Proviseur les a fait attendre un quart d'heure.

2 Terrain moyen

1. J'ai fait réparer le toit.
2. Nous allons faire tapisser le salon.
3. J'ai fait installer une douche.
4. Faites-les entrer!
5. Tu devrais faire venir un médecin.

3 Terrain difficile

1. Il s'est fait couper les cheveux hier.
2. Elle s'est fait photographier.
3. Je leur ai fait comprendre que ce n'était pas suffisant.
4. Je les ai fait avouer.
5. Il les avait fait faire.

G15

The pronouns *y* and *en*

1 Terrain facile

a. 1. y; 2. en; 3. y; 4. y; 5. en; 6. en; 7. y; 8. en; 9. en; 10. en

b. 1. I can't do anything about it.
2. Don't worry about it!
3. I heard the phone, but I couldn't answer it.
4. Politics? They don't interest me.
5. We'll talk about it tomorrow.
6. Thank you, no. I don't want any.
7. After two hours, he managed to do it.
8. Trumpet, yes. He has been playing it for six years.
9. They look nice. I'll take six.
10. I'm for it. What do you think?

2 Terrain difficile

1. Ils n'en avaient plus.
2. Est-ce que tu en auras besoin demain aussi?
3. J'y suis parvenu!
4. Ils n'en revenaient pas.
5. Je n'y ai pas pensé.

G16

The present participle

1 Terrain facile

de l'eau courante	running water
un escalier roulant	an escalator
un parking payant	a pay-and-display car-park
une plaque tournante	turntable, hub *or* linchpin
un tapis volant	a flying carpet

2 Terrain moyen

1. En arrivant à l'hôtel, il a dormi profondément pendant deux heures.

2. Il est impossible de regarder la télé tout en travaillant.
3. J'ai trouvé ceci en rangeant ta chambre.
4. Il s'est cassé la jambe en tombant de son vélo.
5. En le voyant, elle s'est évanouie.

3 Terrain difficile

1. Je les ai vus monter dans un taxi.
2. Sans le vouloir, je les ai entendus parler.

G17

The subjunctive (2)

1 Terrain facile

1. éteigne; 2. fasse; 3. réduise; 4. prenne; 5. réfléchisse

2 Terrain moyen

1. jusqu'à ce que; 2. sans que; 3. pour que; 4. bien que; 5. à moins que

3 Terrain difficile

1. J'ai peur qu'il ne soit trop tard.
2. C'est la catastrophe la plus terrible que nous ayons jamais vue.
3. Est-ce que tu penses que ça puisse se faire?
4. Il est temps que nous fassions un effort.
5. Je regrette que ce soit arrivé.
6. Ils veulent que je mette l'accent sur le recyclage dans mon discours.
7. Je suis étonné qu'elle ne se rende pas compte.
8. Il est peu probable que nous puissions changer quoi que ce soit.
9. Bien qu'elle soit déçue, elle n'a pas tout abandonné.
10. Nous continuerons à lutter jusquà ce que le gouvernement change de politique.

G18

Interrogatives

1 Terrain facile

1. comment; 2. quand; 3. où; 4. combien; 5. pourquoi

2 Terrain moyen

1. Y a-t-il une différence?

2. Y êtes-vous arrivés à temps?

3. A-t-on besoin de réserver à l'avance?

4. S'en est-il rendu compte?

5. Se sont-ils mis en route?

6. La banque est-elle ouverte le samedi?

7. Travaille-t-elle toujours?

8. L'aurait-il vendu?

9. N'est-il pas vrai qu'on change de local?

10. Serait-ce possible?

3 Terrain difficile

1. Qu'est-ce qui s'est passé à votre investissement?

2. N'y a-t-il pas eu de conséquences financières?

3. Que faudrait-il faire dans de telles circonstances?

4. Ne vous a-t-il pas averti?

5. Qu'est-ce qui est juste à votre avis?

6. Lequel des deux systèmes préférez-vous?

7. Ne pourriez-vous pas remettre la réunion à plus tard?

8. À quoi pensez-vous?

9. Quel est le taux d'échange actuel?

10. À quoi ressemble-t-elle?

G19

The conditional perfect

1 Terrain facile

As per example.

2 Terrain moyen

1. Si j'avais acheté des actions, j'aurais fait fortune.

2. S'ils avaient su, ils n'auraient jamais acheté la compagnie.

3. J'aurais préféré ne pas payer en liquide.

4. Ça aurait été moins stressant si tu avais téléphoné.

5. Vous auriez pu les voir.

3 Terrain difficile

1. Je lui aurais donné quelque chose mais je n'avais pas de monnaie.
   I would have given him something but I didn't have any change.

2. Ça aurait pu être très grave n'est-ce pas?
   It could have been very serious, couldn't it?

3. Si tu n'avais rien dit, je ne m'en serais pas rendu compte.
   If you hadn't said something, I wouldn't have realised.

Falloir

1 Tous les terrains

1. Il me faut dix euros.

2. Il nous faudra faire des économies si tu veux y aller.

3. Il faut que tu investisses.

4. Il aurait fallu y penser plus tôt.

5. Il m'a fallu dix minutes.

6. Il te faut absolument lire ceci.

7. Il a fallu que la police intervienne.

G20

Perfect or imperfect?

1 Terrain facile

1. est née; 2. s'appelait; 3. était; 4. vivait;
5. n' était pas facile; 6. avaient souvent;
7. a quitté; 8. était donc; 9. a commencé;
10. ont bien changé

2 Terrain moyen

1. supportais (*When I was young I couldn't stand the sight of blood.*)

2. sommes tombés (*Last week, we fell ill one after the other.*)

3. a averti (*Two years ago, my doctor warned me that I had to lose 10 kilos.*)

4. voyait (*He was very relieved when the doctor confirmed that he couldn't see anything abnormal.*)

5. s'est évanouie (*She fainted when she saw the needle.*)

3 Terrain difficile

1. Nous mangions tous dans la cuisine quand nous avons entendu un bruit terrible.

2. Martin est allé voir ce qui s'était passé.

3. Il y avait déjà beaucoup de gens dans la rue.

4. «Il y a eu un accident» lui a dit un voisin.

5. On se demandait ce qu'il fallait faire quand une voiture de police est arrivée.

6. Deux personnes se tenaient à côté des voitures. Ils avaient l'air très pâles.

7. «Est-ce que vous avez vu ce qui s'est passé?» a demandé le policier.
8. Ils roulaient très vite. La première voiture a freiné brusquement.
9. Un garçon a été tué dans cette rue l'an dernier.

G21

Inversion

1 Terrain facile

1. Y est-il arrivé?
2. Lui avez-vous parlé hier?
3. S'en sont-ils rendu compte?
4. Nous sommes-nous déjà rencontrés?
5. Ne pensez-vous pas qu'il ait raison?
6. Mange-t-elle avec nous ce soir?
7. Puis-je y aller?
8. Vous ont-ils répondu?
9. Ne se sont-ils pas trompés?
10. N'y a-t-il pas de bus?

2 Terrain moyen et difficile

1. Peut-être faudra-t-il changer le système.
2. À peine s'était-il assis que le téléphone a sonné.
3. «Pourriez-vous m'aider?» a-t-elle demandé.
4. «Vite!» s'est-il exclamé.

Verb constructions

1 Tous les terrains

1. apprendre: Il m'a appris à nager.
2. conseiller: Elle lui a conseillé de poser sa candidature.
3. réussir: Il a réussi à les contacter.
4. empêcher: Ses parents l'ont empêché(e) de sortir.
5. inviter: Ils m'ont invité à y aller.
6. permettre: Ils ne leur permettent pas de fumer.
7. s'attendre: Ils s'attendaient à être reçu.
8. avoir tendance: J'ai tendance à oublier.
9. menacer: Il a menacé d'appeler la police.
10. préférer: Je préfère ne pas y aller.

G22

Agreement of past participles

1 Terrain facile

1. Elles sont entrées
2. Nous sommes venu(e)s
3. Elle est allée
4. Ils ont quitté
5. J'ai fait
6. Elle a été
7. Elle est tombée
8. Je me suis rendu compte
9. Elle s'est levée
10. Je me suis habillé(e)

2 Terrain moyen

1. e; 2. –; 3. s; 4. –; 5. e; 6. –; 7. es; 8. s; 9. s; 10. –.

3 Terrain difficile

1. Les livres que tu m'as prêtés étaient très utiles.
2. Trois personnes sont mortes dans les émeutes.
3. Il a dû laisser sa femme au Zaïre. Il ne l'a pas vue depuis six mois.
4. Ils se sont bien intégrés dans la communauté.
5. Où sont les photos que tu m'as montrées hier?
6. Elle s'est rendu compte que c'était impossible.
7. Nous les avons accueillis.
8. Ils sont arrivés en France il y a dix ans.
9. Ils ne se sont pas habitués à une nouvelle culture.
10. Je n'oublierai jamais la souffrance que j'ai vue.
11. Les lettres que tu as envoyées ne sont jamais arrivées.
12. Elle les a fait attendre.

G23

Adverbs

1 Terrain facile

1. rapidement; 2. évidemment; 3. couramment; 4. gentiment; 5. énormément; 6. sèchement; 7. soigneusement; 8. bien; 9. mal; 10. précisément

2 Terrain moyen

Example: 1. Nous l'avons fait très rapidement.

③ Terrain difficile

1. Il réfléchit plus vite que moi.
2. Il n'y va plus aussi souvent qu'avant.
3. Emmanuel parle le plus couramment.
4. Christiane comprend l'accent mieux que moi.
5. Il s'est intégré moins que les autres.

Possessives: Adjectives and pronouns

① Terrain moyen

1. leurs origines; 2. notre patrimoine; 3. tes *or* vos racines; 4. nos problèmes; 5. tes *or* vos préjugés

② Terrain difficile

1. Tes opinions sont plus radicales que les miennes.
   Your opinions are more radical than mine.
2. Leur façon de penser n'est pas tout à fait la même que la nôtre.
   Their way of thinking is not exactly the same as ours.

G24

Before and After

① Terrain facile

1. Avant **d'**être élu, il a fait de grandes promesses.
2. Il faut faire face à ce problème avant qu'il ne **soit** trop tard.
3. Après **les** élections, il s'est rendu davantage compte de l'ampleur du problème.
4. Après **avoir** travaillé à Toulouse pendant cinq ans, j'étais content de changer de poste.
5. Il a fait beaucoup d'erreurs **avant** de comprendre.

② Terrain moyen

1. Before getting elected, he made some grand promises.
2. We must face up to this problem before it is too late.
3. After the elections he realised more fully the extent of the problem.
4. After working in Toulouse for five years, I was happy to change job.
5. He made lots of mistakes before he understood.

③ Terrain difficile

1. Il a commencé à s'intéresser à la politique après avoir participé à un parlement pour les jeunes.
2. Je n'étais jamais entré(e) dans une église avant d'aller à la fac.
3. Il vaudrait mieux ranger tout ça avant qu'elle ne revienne.
4. Elle est partie avant que la réunion n'ait fini.
5. Après être sortie de la secte, elle a trouvé difficile de prendre ses propres décisions.

Direct and indirect speech

① Tous les terrain

1. Il a admis qu'il ne se rappelait plus.
2. Il a dit qu'il aurait le droit de vote aux prochaines élections.
3. Il a dit qu'il s'était rebellé contre l'autorité parentale quand il était adolescent.
4. Il a promis qu'il viendrait me voir quand il aurait un peu plus de temps.
5. Il a avoué qu'il ne s'était jamais intéressé à la religion.

G25

General revision

①a Terrain facile: Nouns

1. les travaux; 2. mesdemoiselles; 3. des feux;
4. des grands-pères; 5. des canaux

①b Terrain facile: Adjectives

1. fraîches; 2. vieilles; 3. molles; 4. longues;
5. rousses

②a Terrain moyen: Nouns

1. As-tu lu ce livre? Ça coûte deux euros la livre.
2. Ils sont passés devant la Tour Eiffel pendant le Tour de France.
3. Ils sont habitués à un mode de vie plus détendu.
   Tes lunettes ne sont plus à la mode.
4. Il a accepté un nouveau poste.
   Est-ce que tu as acheté des timbres quand tu étais à la poste?
5. Le vase est trop petit pour ce bouquet.
   Il y a de la vase au fond du lac.

2b Terrain moyen: Adjectives

1. Mon ancien proviseur est mort hier.
2. J'ai acheté ma propre voiture.
3. Le dernier épisode de *Friends* était décevant.
4. Le prochain livre dans la série sera publié la semaine prochaine.
5. Un bel homme a emménagé dans un nouvel appartement à côté du vieil hôtel de ville.

2c Terrain moyen: Pronouns

1. lui; **2.** celle; **3.** en; **4.** le tien; **5.** y

3 Terrain difficile

1. Ne m'en parlez pas! **2.** Est-ce que tu te rappelles ce dont nous parlions? **3.** À quoi tu t'attendais? **4.** La compagnie pour laquelle je travaillais a fait faillite. **5.** Je leur ai permis d'en acheter un.

G26

General revision

1 Terrain facile: Special uses of the present tense

SAMPLE ANSWERS

1. Il est soulagé parce qu'il vient de finir ses examens
   He is relieved because he's just finished his exams.
2. Nous sommes rassasiés parce que nous venons de manger un grand repas.
   We are full because we've just eaten a big meal.
3. Elles sont fatiguées parce qu'elles viennent de faire une randonnée.
   They are tired because they've just done a hike.
4. Nous sommes déçus parce que nous venons de rater le concours.
   We are disappointed because we've just failed the exam.
5. Ils sont bronzés parce qu'ils viennent de rentrer de Grèce.
   They are tanned because they've just got back from Greece.

2a Terrain moyen: Uses of the imperfect

1. Il travaillait depuis cinq ans sur cette technique quand il l'a finalement maîtrisée.
   He had been working on this technique for five years when he finally mastered it.

2. Nous venions de changer notre système quand le nouveau logiciel est apparu sur le marché.
   We had just changed our system when the new software appeared on the market.

2b Terrain moyen: Imperatives

1. Dépêchez-vous! **2.** On y va! **3.** Ne vous inquiétez pas, madame! **4.** Ne les écoute pas, Paul! **5.** Regarde l'heure, Nathalie!

3 Terrain difficile: Sequence of tenses with *si*

1. Si on développait l'énergie éolienne et solaire, il y aurait beaucoup moins de pollution.
2. Si j'avais su, j'aurais réagi différemment.
3. S'il y a un autre attentat, les conséquences économiques seront très graves.
4. Si je change d'avis, je te le dirai.
5. S'ils avaient pensé aux conséquences, ils ne l'auraient jamais fait.

G27

Grammar for Advanced Extension papers

1 Tous les terrains: Verb forms

1. veuilles; **2.** se serait perdue; **3.** sera; **4.** aviez téléphoné; **5.** saches

2 Tous les terrains: Verb forms

1. Je travaille tout en écoutant de la musique.
2. Elle lui a demandé s'il comprenait.
3. Il ne jouera plus au rugby.
4. Il a mis deux heures à faire les devoirs.
5. Il allait tout à fait bien jusqu'à ce que Marion vienne.
6. Je ne crois pas qu'il soit innocent.
7. J'ai été sauvée par la ceinture.
8. Après s'être douchée, elle s'est remise au travail.
9. Bien qu'il n'ait pas beaucoup d'expérience, il maîtrise bien la situation.
10. Toutes les lettres se prononcent dans le Midi.
11. J'ai failli rater mon examen.
12. Si le gouvernement ne donnait pas de subventions, les paysans feraient faillite.
13. J'ai fait vérifier les pneus par le garagiste.
14. Tout ce dont tu as besoin, c'est un peu de bonne volonté.

S1 Vocabulary

The challenge of learning new vocabulary is one of the biggest you will face on your AS course in French. The secret is to be systematic from the start! The following ideas are to help you get organised!

> Devote a section of your file to vocabulary, with sections for each major topic and general vocabulary.

> Create a special section for useful phrases for essays and presentations.

> Learn vocabulary regularly (not just for tests!). Make smart use of your time. Revise vocabulary when you have five minutes to spare – in the car or on the bus, for example.

> Learn families of words.
> *étudier* – to study, *étudiant/e* – a student, *études* (fpl) – studies, *faire des études* – to study, *une étude de marché* – market research.

> When learning nouns, make sure you know the gender (and any special plural forms). Make a note of the context in which it is used. If you learn a noun together with an adjective, it can help you remember the gender. *Une boisson fraîche* (a cold drink), for example.

> When learning verbs, make sure you note all the important information. *Conseiller* means to advise, but in order to be able to use it with confidence, you need to know that it is:
> *conseiller **à** quelqu'un **de** faire quelque chose* (to advise someone to do something).
> Similarly, with a verb like *devenir*, you need to note that it goes like *venir*, that its past participle is *devenu* and that it takes *être* as its auxiliary.

> Invest in a good dictionary. A dictionary that fits in your pocket is no good for work at this level! Think before you use it. Can you work out the meaning of a French word? Make sure you look up the right word. If you want to translate "he broke the window", don't look up "broke". You will probably find something like *fauché*, which means penniless. The word you need to look up is "break", of which "broke" is the past participle!

> When you look in a dictionary, make sure that you check that you have the right part of speech (is it a noun or an adjective, for example?). Check that you have got the right register: you will find guidance on whether a given word is colloquial or literary. Check through the lists of examples for any idiomatic usage of the word.

> Use clues to help you guess and remember meanings. If you come across a word like *ralentir*, for example, look at the root-word: *lent*. That might help you to guess that *ralentir* means "to slow down".

> Be proactive about learning vocabulary from the word go. It is not something that you can fit in during the last fortnight before an exam. Be inquisitive and enjoy finding out how another language perceives and expresses the world in which we live.

S2 Making a Presentation

Making an oral presentation can be quite a daunting task. Take every opportunity to practise!

> Prepare your material thoroughly. Make sure that you have got something interesting to say.

> Help your audience by making the structure clear. Say how you are going to organise your material: *Je vais diviser ma présentation en trois parties: tout d'abord.... Ensuite.... Et finalement.* Make sure that you signpost each section clearly.

> Keep the purpose of your presentation in mind. Come to a clear conclusion.

> Use rhetorical devices to help the listener understand and follow what you are saying. You can ask rhetorical questions for example, or deliberately repeat a construction.
> *Comment peut-on réduire la pollution en ville?*
> *Il faut améliorer les réseaux des transports en commun. Il faut encourager le co-voiturage. Il faut créer davantage de zones piétonnes.*

> When giving an oral presentation based on a visual stimulus, adopt a systematic approach.
> **Give** an overview of the material.
> **Describe** what you can see.
> **Analyse** the implications of what you see.
> **Demonstrate** understanding of the broader issues.
> **Give** a personal opinion.

> In an exam, make sure that you have some extra prepared material up your sleeve for any follow-up questions. Don't play all your best cards in the presentation and then be left floundering. If you are asked a hard question, give yourself time to think. You might say something like:
> *C'est une bonne question. Pour être honnête, je n'avais pas vraiment pensé à cela, mais peut-être qu'on pourrait dire que ...* (It's a good question. To be honest, I hadn't really thought of it, but perhaps you could say that ...)

> Set yourself realistic targets. Start by reading a script. Gradually move to making your presentation with just a few notes. By the end of the year, you will be able to speak for 90 seconds virtually unprompted!

S3 Role-Plays

When preparing a role-play, you need to bear the following in mind:

> The information which you are required to communicate. Make sure that you are clear about what you have to achieve by the end of the conversation. Don't get side-tracked.

> The context or situation in which the dialogue takes place. Have you understood the implications of the information that you have received?

> The identity of the person to whom you are speaking. Is it more appropriate to use *tu* or *vous*? What register of speech is required? Is the situation formal or informal?

> The contribution of the person to whom you are speaking. Listen carefully to what is said! What questions does he or she ask? What details does he or she require?

> The tone you need to adopt. Does the situation require you to be apologetic, surprised, supportive or angry? Are you required to agree or disagree?

Fonctions de la langue

> **pour demander des informations**
Pourriez-vous me dire ...?
Could you tell me?
Est-ce que vous pourriez m'expliquer ...?
Could you explain to me ...?
Est-ce que vous savez si ...?
Do you know whether ...?
C'est bien demain matin qu'on part?
It is tomorrow morning that we are leaving, isn't it?

> **pour donner des informations**
En réponse à votre question ...
In reply to your question ...
Pour répondre à ce que vous demandez ...
In reply to your question ...

> **pour demander des conseils**
Est-ce que vous pourriez suggérer ...?
Could you suggest ...?
Qu'est-ce que vous conseillez?
What do you advise?
Est-ce que vous pourriez me recommender ...?
Could you recommend ...?

> **pour donner des conseils**
Ce serait une bonne idée de ...
It would be a good idea to ...
Ce que vous pourriez faire, c'est de ...
What you could do is ...
Je vous conseille de ...
I advise you to ...
À mon avis, il faudrait ...
In my opinion, you should ...
Vous pourriez envisager de ...
You might think along the lines of ...

> **pour demander la permission**
Est-ce qu'il serait possible de ...?
Would it be possible to ...?
Est-ce que cela vous dérangerait si ...?
Would you mind if ...?

> **pour s'excuser**
Excusez-moi de ...
Sorry to ...
Je suis vraiment désolé.
I am really sorry.

> **pour marquer votre accord**
Quelle bonne idée!
What a good idea!
C'est le mieux dans la situation.
It's the best in the situation.
Évidemment, vous avez raison de ...
Obviously, you're right to ...
Je suis entièrement d'accord ...
I agree entirely ...
Entendu!
Understood!

> **pour marquer votre désaccord**
C'est impossible / inadmissible / incroyable
It's impossible / unacceptable / incredible
Je ne suis pas de votre avis
I don't agree with you
Vous vous trompez ...
You're wrong
Ce n'est pas logique par rapport à ...
It's not logical as far as ... is concerned

> **pour introduire une opinion**
Pour ma part ...
As far as I'm concerned
À mon avis ...
In my opinion ...

> **pour ne pas se prononcer**
À la limite ...
I suppose so
Oui, plus ou moins
Yes more or less
Ah, vous croyez?
Do you think so?

S4 Essay Writing

> Good essays do not happen by accident.
> First of all, you need to have something to say about the set topic. So, research your ideas. Use books such as *Francoscopie*, or the Internet.
> Argumentative essays need structure. You need to organise your arguments and counter-arguments in a logical sequence, and give your essay an introduction and conclusion.
> Your essay should be clear. Each section should be signposted by an introductory phrase, so that the reader can identify the key turning points in your argument.
> Your essay should be balanced. You should consider both sides of the argument. It should also come to a specific conclusion that answers the question. It is best if you keep the arguments that support your conclusion until the latter part of the essay. This gives them more weight and allows your conclusion to follow on naturally.
> You need to consider your style of writing. It should be more formal than spoken language, without being too stuffy or boring. For the examination, you need to be able to show off what you know, so it is important to use precise vocabulary and stylish constructions.
> Accuracy is more important in written French than when you are speaking the language (often at speed). Two processes can help you achieve this. Drafting allows you to map out the rough shape of your essay, to modify it, to swap sentences and paragraphs around and to refine your arguments. (Word processing can be particularly helpful at this stage.) Checking should be done when you are alert, so it is best to tackle this process after a break. Try starting at the end of the essay: your eye is less likely to gloss over mistakes when you approach your work from a different angle!
> Help yourself by creating a bank of useful and adaptable essay phrases (but don't overuse them!).
> Remember that you will need to be concise. Essays at AS level are relatively short. You will probably only have room for an introduction, one main paragraph of arguments, one main paragraph of counter-arguments and a conclusion.
> Finally, it is important to write with conviction. Give your essay a bit of punch to grab the reader's attention!

An example from Unit 5:

Est-ce que ça vaut la peine de partir en vacances?

If you are going to conclude that it is worth going on holiday, you need to present your arguments in favour of going away in the second part of the main body of your essay and start with some of the disadvantages.

In your introduction, set the scene. Some of the information from the beginning of Unit 5 in *Dossier Vacances* is useful here. More and more people are going on holiday. Paid holidays are an established part of French culture. People have more and more free time.

In the first paragraph of the main body of the essay, you should consider some of the arguments against holidays, such as:

> the expense and stress
> the difficulties of travel and health
> crowded beaches and unsuitable accommodation

The turning point of your essay should be clearly signposted. The reader should be clear in his mind that you are now going to consider arguments in favour of going on holiday.

In this second paragraph, you can use some of the ideas and vocabulary from the *Pourquoi Partir* section of Unit 5. Try to group your ideas, so that you make two or three main points and develop them.

Your conclusion should sum up your arguments, without repeating them, and state a clear response to the question. It might be appropriate to add a personal comment from your own experience.

Checklist

A good essay is the result of:

Research ✓	Drafting ✓	Accuracy ✓	Concision ✓
Structure ✓	Style ✓	Checking ✓	Conviction and flair ✓

G1 (Refer to Unit 1 and page 262 of the Student's Book)

The present tense

1 Terrain facile

Fill in the blanks using the correct form of the verb given in brackets.

1. Est-ce que tu _____ bien avec ton frère? (s'entendre)

2. Je me demande si elles _____ venir. (vouloir)

3. Mon père et moi _____ régulièrement de l'alpinisme ensemble. (faire)

4. C'est moi qui _____ responsable. (être)

5. Est-ce que tu _____ de la viande? (manger)

2 Terrain moyen

Quel est le mot qui manque?

1. Nous _____ d'arriver.   2. Je fume _____ six mois.

3 Terrain difficile

Translate the following sentences into French.

1. When do you work? _____

2. I get up at six thirty during the week. _____

3. Do you take sugar? _____

4. How are you today? _____

5. The French drink more red wine than the English. _____

6. We are annoying the neighbours. _____

7. Do you think that they are exaggerating? _____

8. I train on Saturdays. _____

9. When my mum's working late, I cook the meal. _____

10. What you are saying is absolutely impossible! _____

G2 (Refer to Unit 1 and page 270 of the Student's Book)

Negatives

1 Terrain facile

Fill in the blanks using the correct word: *jamais, plus, rien, personne, que.*

1. _____ ne porte des chemises à fleur maintenant!

2. Je me suis mis au régime. Je ne mange _____ de chocolat.

3. Il a parlé tellement vite que je n'ai _____ compris.

4. Les trains anglais n'arrivent _____ à l'heure!

5. Je conduis. Je ne bois _____ de l'eau.

2 Terrain moyen

Rearrange the following jumbled-up sentences so that they make sense. Capitals indicate the first word.

1. rien avant l' ne Je manger intervention dois. _____

2. glace de manger pourrai je Après ne que la. _____

3. n' ni ni carte avez passeport d' Vous identité? _____

4. idée non n' aucune Je ai plus. _____

5. ne Rien un café le bon matin vaut. _____

3 Terrain difficile

Translate the following sentences into French.

1. Nobody understands me. _____

2. He doesn't get home until late. _____

3. I never want to go there again. _____

4. It's hardly important. _____

5. She doesn't want to see anybody at the moment. _____

G3 (Refer to Unit 1 and pages 264 and 265 of the Student's Book)

The future tense

① Terrain facile

Fill in the blanks using the correct form of the verb given in brackets. You should use the future tense in each case.

1. S'il s'est cassé la jambe, il ne _____ plus de matchs cette saison. (jouer)

2. S'il pleut, nous _____ dedans. (rester)

3. À quelle heure est-ce que tu _____? (arriver)

4. Je _____ avec toi. (venir)

5. Ils nous l' _____ par la poste. (envoyer)

② Terrain moyen et difficile

Translate the following sentences into French.

1. It will rain all weekend. _____

2. Will he send you the bill? _____

3. When you arrive, you will find the key behind the plant. _____

_____

4. Come and see us next week when you've got time. _____

_____

5. She will keep us informed. _____

6. I shall be on holiday next week. _____

7. When I am eighteen, I'll buy a second-hand car. _____

8. What will you do? _____

9. We'll know next week. _____

10. We'll buy it next month. _____

G4 (Refer to Unit 1 and pages 265 and 266 of the Student's Book)

The conditional

1 Terrain facile

Which of the sentences below does the following?

1. Expresses a wish

2. Makes a suggestion

3. Makes a polite request

4. Reports speech

5. Indicates that the facts have not been verified

6. Says what you would do in given circumstances

A. Il nous a prévenu qu'il y aurait des problèmes.

B. S'il fallait, je recommencerais.

C. Tu pourrais rester ici.

D. J'aimerais les voir.

E. D'après lui, l'explosion serait très grave.

F. Vous pourriez venir me chercher à la gare?

2 Terrain moyen

Rewrite the following sentences using indirect or reported speech.

Example: *«J'arriverai à dix heures.»* Answer: *Il a dit qu'il arriverait à dix heures.*

1. «Je te téléphonerai.» _____

2. «Ce sera facile.» _____

3. «Je vous rattraperai.» _____

4. «Je ne changerai pas d'avis.» _____

5. «Il y aura du monde sur la route.» _____

3 Terrain difficile

Translate the following sentences into French.

1. If we left early, we would avoid the traffic. _____

2. She would come too, if possible. _____

3. There wouldn't be room. _____

4. They ought to phone more often. _____

5. We wouldn't be able to stay. _____

G5 (Refer to Unit 2 and pages 262–264 of the Student's Book)

The perfect tense

1 Terrain facile

Rewrite the following sentences in the perfect tense.

1. Nous quittons la maison vers deux heures. _____

2. Nous arrivons au Tunnel en début de soirée. _____

3. À Calais, nous prenons l'autoroute qui longe la côte. _____

4. Nous descendons jusqu'à Rouen. _____

5. Nous nous logeons dans un hôtel Formule Un. _____

6. Le lendemain, nous poursuivons notre route. _____

7. On s'arrête une ou deux fois en route. _____

8. On évite les bouchons à Cahors en prenant les petites routes de campagne. _____

9. Ils finissent de construire l'autoroute entre Souillac et Cahors. _____

10. Je me couche pour faire la sieste quand nous arrivons. _____

2 Terrain moyen

Conjugate the verbs using either the perfect or the imperfect.

L'année dernière ils (*1: aller*) en Espagne. Un jour, pendant leur séjour, ils (*2: prendre*) le train pour aller à Cordoue. C' (*3: être*) un train Avé, l'équivalent du TGV. Lorsqu'ils (*4: arriver*) sur le quai, (*5: il y a*) des hôtesses pour les accueillir.

Cinq minutes après le départ du train, on (*6: distribuer*) des journaux et de petits casques individuels pour ceux qui (*7: vouloir*) écouter de la musique. C'était tellement confortable qu'ils (*8: dormir*) quand la rame (*9: entrer*) en gare.

Ils se demandaient pourquoi ce n'était pas comme ça quand ils (*10: prendre*) le train chaque jour en Angleterre!

1. _____   6. _____

2. _____   7. _____

3. _____   8. _____

4. _____   9. _____

5. _____   10. _____

3 Terrain difficile

Translate the following into French.

1. They met on holiday last year. _____

2. The plates she bought in Israel came from Italy. _____

3. How many pizzas did you eat?! _____

4. Our car broke down just outside Calais. _____

5. The photos she took in Corsica were all overexposed. _____

G6 (Refer to Unit 2 and pages 264 and 259 of the Student's Book)

The imperfect tense

1 Terrain facile

Rewrite the following sentences using indirect or reported speech.

Example: *«J'aime être en plein air.»* Answer: *Il a dit qu'il aimait être en plein air.*

1. «Je veux y aller.» _____
2. «Nous avons l'intention de partir de bonne heure.» _____
3. «Nous ne mangeons pas de viande.» _____
4. «Je ne vois pas d'inconvénient.» _____
5. «J'achète tous mes vêtements chez Gap.» _____

2 Terrain moyen

Write five sentences to describe things that you used to do (or think) when you were younger, which you no longer do.

Example: *Quand j'étais plus jeune, je n'avais qu'une ambition: être milliardaire à trente ans!*

3 Terrain difficile

Translate the following sentences into French.

1. We had just moved house when I started secondary school. _____

_____

2. If he spoke more slowly, it would be easier to understand. _____

_____

3. He had been waiting for three hours! _____
4. We were talking about what he wanted to do. _____
5. What about going to the cinema? _____

Relative pronouns

1 Terrain facile

Fill in the blanks using *qui, que* or *dont*.

1. Le rugby est un sport _____ se joue en équipe.
2. Les précautions _____ nous avons prises étaient insuffisantes.
3. C'est moi _____ dois accepter toute la responsabilité.
4. Le match _____ tu parles a été annulé.
5. C'est une attitude _____ je n'aime pas du tout.

2 Terrain moyen et difficile

Translate the following sentences into French.

1. The questions he asked were very difficult. _____
2. I've contacted the woman whose bag I found on the bus. _____

_____

3. The woman I saw in town was J.K. Rowling. _____
4. The book you recommended was fantastic. _____
5. She gave me the information I needed. _____
6. It was the opportunity they had always dreamed about. _____

_____

G7 (Refer to Unit 3 and pages 253 and 258 of the Student's Book)

Demonstratives

1 | Terrain facile

Fill in the blanks using the correct word: *ce, cet, cette, ces, celui, celle, ceux* ou *celles*.

1. _____ échange culturel entre les deux écoles existe depuis cinq ans.

2. Je me suis trompé de classeur. _____ dont j'ai besoin doit être à la maison.

3. Il n'est pas là pour l'instant. Est-ce que vous pouvez rappeler _____ après-midi?

4. Je n'ai pas acheté de chaussures. _____ que je voulais étaient trop chères.

5. J'ai l'impression de travailler tout le temps _____ jours-ci.

2 | Terrain moyen

Rearrange the following jumbled-up sentences so that they make sense and then translate them.

1. de un moderne plus Mylène mais celui J'ai ordinateur est bon _____

2. avant qui aller s'inscrire midi y doivent veulent Ceux _____

3. des des La là uns où celle autres commence s'arrête liberté _____

3 | Terrain difficile

Translate the following sentences into French.

1. I had forgotten my mobile, so I used my penfriend's. _____

2. I like this jacket, but I prefer the one we saw in Next. _____

_____

3. Which book do you recommend? This one or that one? _____

_____

4. What cassette? The one you gave me last week. _____

G10 (Refer to Unit 4 and pages 255–256 of the Student's Book)

Object pronouns

1 Terrain facile

Fill in the blanks using the correct form of *le, lui, les* or *leur*.

1. Je ne sors plus avec Thierry mais je _____ téléphone de temps en temps.

2. Mes parents? Ils sont tellement pris par le travail, que je ne _____ vois presque plus.

3. Ils sont indécis et moi, je ne sais pas quoi _____ dire.

4. Tu as vu Jean-François? Je veux _____ demander si je peux emprunter son appareil photo.

5. Notre assistant de français a un accent bizarre. On ne_____ comprend pas très bien.

2 Terrain moyen et difficile

Translate the following sentences into French.

1. Don't forget to give it to them! _____

2. He gave her hope. _____

3. Has Vincent lost my books? I lent them to him last year! _____

_____

4. You ought to speak to him about it. _____

5. I confiscated it from him. _____

_____

G11 (Refer to Unit 4 and pages 266 and 267 of the Student's Book)

The passive

1 | Terrain facile

Rearrange these jumbled-up sentences so that they make sense. Translate them into English.

1. Ils surpris votre par été ont question _____

_____

2. a de de On un demandé donner nous main coup _____

_____

3. un mécanicien a réparée La voiture par été _____

_____

2a | Terrain moyen

Rewrite the following sentences keeping the meaning the same, but avoiding the passive.

1. Ces chocolats sont vendus uniquement à Noël. _____
2. Le *t* n'est pas prononcé. _____
3. Ils ont été sauvés par la ceinture de sécurité. _____
4. Les invitations n'avaient pas été distribuées. _____
5. Il a été arrêté chez lui. _____

2b | Terrain moyen

Rewrite the following sentences using the perfect passive.

1. On a contaminé la nourriture. _____
2. On a vendu des farines contaminées. _____
3. On a changé tout l'équipement. _____
4. On a pris des mesures rigoureuses. _____
5. On a mis en place de nouveaux systèmes. _____

3 | Terrain difficile

Translate the following sentences into French.

1. I was promised a pay rise this year. _____
2. They were told that it was impossible. _____
3. They were disturbed by a loud noise. _____
4. They were arrested yesterday. _____
5. Five people were killed by the explosion. _____
6. The book will be published next summer. _____
7. You will be informed. _____
8. She was asked if she wanted to watch. _____
9. I discovered that the house was already sold. _____
10. It was sold last week. _____

G12 (Refer to Unit 6 and pages 267–269 of the Student's Book)

The subjunctive (1)

1 | Terrain facile

In the following sentences, change the infinitive into a subjunctive form using the person indicated in brackets:

Example: *Je veux aller en ville. (tu)* Answer: *Je veux que tu ailles en ville.*

1. Il faut finir le travail avant la fin du cours. (vous) _____

2. Je veux réussir. (elle) _____

3. Il faut prendre un sac de couchage. (il) _____

4. Je veux faire du ski cette année. (nous) _____

5. Il faut être à l'heure. (vous) _____

6. Je veux arriver avant la tombée de la nuit. (nous) _____

7. Il faut revenir demain. (tu) _____

8. Je veux le savoir. (elles) _____

9. Il faut pouvoir le faire tout seul. (tu) _____

10. Je veux avoir une bonne note. (ils) _____

2 | Terrain moyen

Conjugate the verbs using either the indicative or the subjunctive as required.

> Je veux que tu (*1: sortir*) avec nous ce soir!
> Impossible! Il faut que je (*2: finir*) un devoir important.
> Vas-y, commence tout de suite alors pour que tu (*3: pouvoir*) le finir avant huit heures.
> Écoute! Même si je commençais maintenant, je ne (*4: pouvoir*) pas le finir à temps.
> Je ne pense pas que tu (*5: être*) raisonnable là! Bien sûr qu'il est possible que tu (*6: le faire*)!
> Quoi que tu (*7: dire*), je te (*8: jurer*) que je (*9: ne pas mentir*)!
> D'accord, mais tu es bien le seul jeune que je (*10: connaître*) qui préfère rester à la maison!

1. _____   6. _____
2. _____   7. _____
3. _____   8. _____
4. _____   9. _____
5. _____   10. _____

3 | Terrain difficile

Translate the following into French.

1. I don't think it's true. _____

2. He spoke slowly so that I could understand. _____

3. Although it's cold, we're going out. _____

4. Parents generally love their children whatever they do. _____

5. I'm afraid that he'll take the decision too quickly. _____

G13 (Refer to Unit 1 and pages 263–264 of the Student's Book)

Reflexive verbs

1 | Terrain facile

Conjugate the verbs in brackets in the present tense:

1. On (se téléphoner) la semaine prochaine? _____

2. Vous (se sentir) mieux? _____

3. Ils (se lever) toujours tard. _____

4. On (ne pas se comprendre) très bien. _____

5. Tu (se débrouiller) pas mal pour un débutant. _____

2 | Terrain moyen

Rewrite the following sentences in the perfect tense.

1. Je me lève de bonne heure. _____

2. Nous nous téléphonons régulièrement. _____

3. Elle se lave les cheveux. _____

4. Elles se rendent compte de leur erreur. _____

5. Elles se dépêchent pour arriver à l'heure. _____

3 | Terrain difficile

Translate the following sentences, using a reflexive verb in each case.

1. How is it pronounced? _____

2. I get on well with my brother. _____

3. That's not done in France! _____

4. I was had! _____

5. They had a really good time! _____

G14 (Refer to Unit 6 and page 261 of the Student's Book)

Faire + Infinitive

1 Terrain facile

Rearrange the following jumbled-up sentences so that they make sense:

1. un fait avons plombier venir nous. _____

2. pas je piscine là une ne construire ferais _____

3. le technique avant les contrôle changer il pneus fait tous a _____
_____

4. vas pleurer tu me faire _____

5. les quart Proviseur un attendre le a d' fait heure _____

2 Terrain moyen

Write a sentence in French for each of the following.

1. Faire réparer _____

2. Faire tapisser _____

3. Faire installer _____

4. Faire entrer _____

5. Faire venir _____

3 Terrain difficile

Translate the following into French.

1. He had his hair cut yesterday. _____

2. She had her photograph taken. _____

3. I made them understand that it was not enough! _____

4. I made them confess. _____

5. He had had them made. _____

G15 (Refer to Units 6 and 7 and pages 256–257 of the Student's Book)

The pronouns *y* and *en*

1 Terrain facile et moyen

a. Fill in the blanks using the correct word: *y* or *en*.
b. Translate the sentences into English.

1. Je ne peux rien _____ faire. _____

2. Ne vous _____ faites pas! _____

3. J'ai entendu le téléphone, mais je n'ai pas pu _____ répondre. _____

_____

4. La politique? Je ne m'_____ intéresse pas. _____

5. Nous _____ parlerons demain. _____

6. Merci, non. Je n'_____ veux pas. _____

7. Après deux heures, il _____ est arrivé. _____

8. La trompette, oui. Il _____ joue depuis six ans. _____

9. Ils ont l'air bon. J'_____ prends six. _____

10. Moi, je suis pour. Qu'est-ce que tu _____ penses? _____

2 Terrain difficile

Translate the following sentences into French.

1. They hadn't got any left. _____

2. Will you need it tomorrow as well? _____

3. I managed! _____

4. They couldn't get over it. _____

5. I didn't think of it. _____

G16 (Refer to Unit 5 and page 269–270 of the Student's Book)

The present participle

1 Terrain facile

Match the following nouns and present participles to make six common expressions. Translate them into English:

> L'année
> De l'eau
> Un escalier
> Un parking
> Une plaque
> Un tapis

> payant(e) _____
> tournant(e) _____
> volant(e) _____
> suivant(e) _____
> roulant(e) _____
> courant(e) _____

Example: *l'année suivante – the following year*

2 Terrain moyen

Translate the following sentences into French, using the present participle in each case.

1. On arriving at the hotel, he slept soundly for two hours. _____

2. It's impossible to work while watching television. _____

3. I found this while tidying up your room. _____

4. He broke his leg by falling off his bike. _____

5. On seeing it, she fainted. _____

3 Terrain difficile

Translate the following without using a present participle!!

1. I saw them getting into a taxi. _____

2. Without meaning to, I heard them talking. _____

G17 (Refer to Unit 7 and pages 267–269 of the Student's Book)

The subjunctive (2)

1 | Terrain facile

Complete the following sentence: *Les Verts veulent qu'on* . . .

1. (éteindre) les ordinateurs en veille. _____

2. (faire) le tri des déchets ménagers. _____

3. (réduire) les émissions de gaz carbonique. _____

4. (prendre) l'habitude de marcher. _____

5. (réfléchir) à ce qu'on fait. _____

2 | Terrain moyen

Fill in the blanks using one of the following expressions. Translate the following sentences into English.

> *pour que* > *à moins que* > *sans que* > *bien que* > *jusqu'à ce que*

1. Nous continuerons à abattre des arbres _____ il n'y ait plus de forêts.

   _____

2. Le trou dans la couche d'ozone s'est formé _____ l'on s'en rende compte.

   _____

3. On a lancé des campagnes d'informations _____ l'on prenne conscience des dangers.

   _____

4. _____ ils sachent que les pétroliers sont en mauvais état, ils continuent à les autoriser.

   _____

5. La situation va s'aggraver _____ le gouvernement ne fasse quelque chose.

   _____

3 | Terrain difficile

Translate the following sentences into French.

1. I am afraid it's too late. _____

2. It is the worst catastrophe that we have ever seen. _____

3. Do you think that it can be done? _____

4. It's high time that we made an effort. _____

5. I am sorry that it happened. _____

6. They want me to put the accent on recycling in my speech. _____

   _____

7. I am surprised that she doesn't realise. _____

8. It is unlikely that we shall be able to change anything. _____

   _____

9. Although she is disappointed, she has not given up. _____

   _____

10. We shall continue to fight until the government changes its policy. _____

   _____

G18 (Refer to Unit 8 and page 271 of the Student's Book)

Interrogatives

① Terrain facile

où	comment	pourquoi	quand	combien

_____ *est-ce que il a payé?*

Choose a **single** word from the box to complete the above question to assist in finding out:

1. ... whether or not he used a credit card. _____
2. ... if he settled the bill on time. _____
3. ... the location of the till. _____
4. ... if he was ripped off in the transaction. _____
5. ... whether his generosity had an ulterior motive. _____

② Terrain moyen

Change the following statements into questions using inversion. The first one is done for you. Then translate the questions into English.

1. Il y a une différence. *Y a-t-il une différence?* _____
2. Vous y êtes arrivés à temps! _____
   _____
3. On a besoin de réserver à l'avance. _____
   _____
4. Il s'en est rendu compte. _____
   _____
5. Ils se sont mis en route. _____
   _____
6. La banque est ouverte le samedi. _____
   _____
7. Elle travaille toujours. _____
   _____
8. Il l'aurait vendu. _____
9. Il n'est pas vrai qu'on change de local. _____
   _____
10. Ce serait possible. _____

③ Terrain difficile

Translate the following sentences into French.

1. What happened to your investment? _____
2. Weren't there any financial repercussions? _____
3. What should be done in those circumstances? _____
4. Didn't he warn you? _____
5. What is fair in your opinion? _____
6. Which of the two systems do you prefer? _____
7. Couldn't you postpone the meeting? _____
8. What are you thinking about? _____
9. What is the current exchange rate? _____
10. What does she look like? _____

G19 (Refer to Unit 8 and pages 265–266 and 261 of the Student's Book)

The conditional perfect

1 Terrain facile

A friend of yours has just gone bankrupt. Write five sentences to describe what he could have done or what he should have done to avoid this situation. Example: *Il aurait pu licencier la moitié de sa main d'œuvre.*

_____

_____

_____

_____

2 Terrain moyen

Translate the following sentences into French.

1. If I had bought some shares, I would have made a fortune. _____

    _____

2. If they had known, they would never have bought the company. _____

    _____

3. I would have preferred not to pay in cash. _____

4. It would have been less stressful if you had phoned. _____

5. You could have seen them. _____

3 Terrain difficile

Rearrange the words in these jumbled sentences so that they make sense. Translate the sentences into English.

1. Je je aurais avais monnaie mais chose donné lui de pas quelque n' _____

    _____

2. pu pas est-ce grave très aurait Ça être n' _____

    _____

3. n' m' Si je tu en ne pas dit rien avais rendu compte serais _____

    _____

Falloir

1 Tous les terrains

Translate the following into French using the verb *falloir* in each case.

1. I need ten Euros. _____

2. We'll have to save if you want to go. _____

3. You must invest. _____

4. You should have thought about it earlier. _____

5. It took me ten minutes. _____

6. You absolutely must read this. _____

7. The police had to intervene. _____

G20 (Refer to Unit 9 and pages 262–264 of the Student's Book)

Perfect or imperfect?

1 | Terrain facile

Underline the correct version of the verb in each of the following sentences.

La vie de Giuditta

1. Ma grand-mère est née / naissait en Italie au début du vingtième siècle. **2.** Elle s'appelait / Elle s'est appelée Giuditta de Luca. **3.** Son nom de famille était / a été noble … **4.** … mais la famille vivait / a vécu dans la misère. **5.** La vie n'était pas / n'a pas été facile. **6.** Les enfants avaient souvent/ ont souvent eu faim. **7.** À l'âge de neuf ans, Giuditta quittait / a quitté la maison de ses parents pour travailler comme bonne dans une famille aisée à Rome. **8.** Elle était donc/ a donc été très jeune…. **9.** … quand elle commençait / a commencé sa vie professionnelle. **10.** Depuis, les temps changeaient bien / ont bien changé!

2 | Terrain moyen

Use the verbs from the box to fill in the gaps in the following sentences.
NB: You have to put the verb into the right form of the imperfect or the perfect!

Then translate the sentences.

avertir	s'évanouir	supporter	tomber	voir

1. Quand j'étais jeune, je ne _____ pas de voir du sang. _____

2. La semaine dernière, nous _____ malades l'un après l'autre. _____

3. Il y a deux ans, mon médecin m' _____ qu'il fallait que je perde 10 kilos. _____

4. Il était très soulagé quand le médecin a confirmé qu'il ne _____ rien d'anormal. _____

5. Elle _____ quand elle a vu l'aiguille. _____

3 | Terrain difficile

Translate the sentences into French.
1. We were all eating in the kitchen when we heard a terrific noise. _____

2. Martin went to see what had happened. _____
3. There were already lots of people in the street. _____
4. 'There has been an accident', a neighbour told him. _____

5. We were wondering what to do when a police car arrived. _____

6. Two people were standing by the cars. They looked very pale. _____

7. 'Did you see what happened?' asked the policeman. _____

8. They were driving very fast. The first car braked suddenly. _____

9. A boy was killed in this street last year. _____

G21 (Refer to Unit 9 and pages 271 and 260–261 of the Student's Book)

Inversion

1 | Terrain facile

Turn the following statements into questions by inverting (turning round) the verb.

Example: *Tu les as vus la semaine dernière.* Answer: *Les as-tu vus la semaine dernière?*

1. Il y est arrivé. _____
2. Vous lui avez parlé hier. _____
3. Ils s'en sont rendu compte. _____
4. Nous nous sommes déjà rencontrés. _____
5. Vous ne pensez pas qu'il ait raison. _____
6. Elle mange avec nous ce soir. _____
7. Je peux y aller. _____
8. Ils vous ont répondu. _____
9. Ils ne se sont pas trompés. _____
10. Il n'y a pas de bus. _____

2 | Terrain moyen et difficile

Translate the following sentences into French.

1. Perhaps it will be necessary to change the system. _____
2. Hardly had he sat down when the phone rang. _____
3. 'Can you help me?' she asked. _____
4. 'Quick!' he exclaimed. _____

Verb constructions

1 | Tous les terrains

For each of the following verbs, give the French equivalent and then write a short sentence to show what preposition is required (if any) to introduce a second verb.

Example: To forget – *Oublier* – J'ai oublié *de* poster la lettre.

1. To learn _____
2. To advise _____
3. To succeed _____
4. To prevent _____
5. To invite _____
6. To allow _____
7. To expect _____
8. To tend to _____
9. To threaten _____
10. To prefer _____

G22 (Refer to Unit 10 and pages 262–264 of the Student's Book)

Agreement of past participles

1 Terrain facile

Give the equivalent form in the perfect tense of the following verbs in the Past Historic.
Make sure that the past participles agree where appropriate.

1. Elles entrèrent _____

2. Nous vînmes _____

3. Elle alla _____

4. Ils quittèrent _____

5. Je fis _____

6. Elle fut _____

7. Elle tomba _____

8. Je me rendis compte _____

9. Elle se leva _____

10. Je m'habillai _____

2 Terrain moyen

Complete the following sentences by adding *e*, *s*, or *es* to the past participle *if necessary*.

1. Elle s'est lavé____.

2. Elle s'est lavé ____ les cheveux.

3. Nous nous sommes dépêché____.

4. Nous nous sommes écrit____.

5. J'ai perdu la clé que tu m'as donné____.

6. Je leur ai conseillé____ de réserver à l'avance.

7. Combien de photos as-tu pris____?

8. La piscine où nous nous sommes baigné____ n'était pas chauffée.

9. Je les ai vu____ arriver tout à l'heure.

10. Elle s'est fait____ photographier.

3 Terrain difficile

Translate the following sentences into French.

1. The books you lent me were very useful. _____

2. Three people died in the riots. _____

3. He had to leave his wife in Zaïre. He hasn't seen her for six months. _____
_____

4. They have settled well into the community. _____

5. Where are the photos you showed me yesterday? _____

6. She realised that it was impossible. _____

7. We welcomed them. _____

8. They arrived in France ten years ago. _____

9. They have not got used to a new culture. _____

10. I will never forget the suffering I saw. _____

11. The letters you sent never arrived. _____

12. She made them wait. _____

G23 (Refer to Unit 10 and pages 253–255 and 258 of the Student's Book)

Adverbs

1 Terrain facile

Give the adverb which is derived from the following adjectives.

1. rapide _____

2. évident _____

3. courant _____

4. gentil _____

5. énorme _____

6. sec _____

7. soigneux _____

8. bon _____

9. mauvais _____

10. précis _____

2 Terrain moyen

Write a sentence in French for each of the adverbs which you have written in exercise 1.

1. _____

2. _____

3. _____

4. _____

5. _____

6. _____

7. _____

8. _____

9. _____

10. _____

3 Terrain difficile

Translate the following sentences into French.

1. He thinks more quickly than me. _____

2. He doesn't go there as often as he used to. _____

3. Emmanuel speaks the most fluently. _____

4. Christiane understands their accent better than me. _____

5. He has got less involved than the others. _____

Possessives: Adjectives and pronouns

1 Terrain moyen

Translate the following into French.

1. Their origins _____

2. Our heritage _____

3. Your roots _____

4. Our problems _____

5. Your prejudices _____

2 Terrain difficile

Unscramble the following sentences so that they make sense and translate them into English.

1. que Tes les plus sont miennes opinions radicales _____

_____

2. n' à de la la pas est que tout fait même Leur façon nôtre penser _____

_____

G24 (Refer to Units 5 and 11 and page 261 of the Student's Book)

Before and After

1 Terrain facile

In each of the following sentences there is a single word missing. Indicate where in the sentence the word should go and write what it is.

1. Avant être élu, il a fait de grandes promesses. _____

2. Il faut faire face à ce problème avant qu'il ne trop tard. _____

3. Après élections, il s'est rendu davantage compte de l'ampleur du problème. _____

4. Après travaillé à Toulouse pendant cinq ans, j'étais content de changer de poste. _____

5. Il a fait beaucoup d'erreurs de comprendre. _____

2 Terrain moyen

Translate the sentences from exercise 1 into English.

3 Terrain difficile

Translate the following sentences into French.

1. He started to take an interest in politics after taking part in a youth parliament. _____

    _____

2. I had never been inside a church before I went to university. _____

    _____

3. You'd better clear that up before she comes back. _____

    _____

4. She left before the meeting finished. _____

5. After leaving the sect, she found it difficult to make her own decisions. _____

    _____

Direct and indirect speech

1 Tous les terrains

Put the following sentences into indirect speech. Your answers should begin with a verb of speaking in the perfect tense.

Example: «*J'ai voté pour Chirac.*» Il a *avoué* qu'il avait voté pour Chirac.

1. «Je ne me rappelle plus.» _____

2. «J'aurai le droit de vote aux prochaines élections.» _____

3. «Je me suis rebellé contre l'autorité parentale quand j'étais adolescent.» _____

    _____

4. «Je viendrai te voir quand j'aurai un peu plus de temps.» _____

    _____

5. «Je ne me suis jamais intéressé à la religion.» _____

G25 General revision

1a Terrain facile: Nouns

Give the plural of the following nouns:

1. le travail _____
2. mademoiselle _____
3. un feu _____

4. un grand-père _____
5. un canal _____

1b Terrain facile: Adjectives

Give the feminine plural form of the following adjectives:

1. frais _____
2. vieux _____
3. mou _____

4. long _____
5. roux _____

2a Terrain moyen: Nouns

Write two short sentences to illustrate the difference in meaning between the following pairs of words:

1. le livre; la livre _____
2. le tour; la tour _____
3. le mode; la mode _____
4. le poste; la poste _____
5. le vase; la vase _____

2b Terrain moyen: Adjectives

Translate the following sentences into French.

1. My former headmaster died yesterday. _____
2. I have bought my own car. _____
3. The last episode of *Friends* was disappointing. _____
4. The next book in the series will be published next week. _____
   _____
5. A handsome man has moved into a new flat next to the old Town Hall. _____
   _____

2c Terrain moyen: Pronouns

What pronoun would you use to replace the words in italics in the following sentences?

1. J'ai dit *à mon fils* de ne pas s'inquiéter. _____
2. Je n'aime plus ma voiture; je préfère *la voiture* de mon collègue. _____
3. Je suis parti *de Montpellier* hier. _____
4. J'ai oublié mon stylo. Tu peux me passer *ton stylo* un instant? _____
5. Je ne m'intéresse pas du tout *à la littérature*. _____

3 Terrain difficile: Pronouns

Translate the following sentences into French.

1. Don't talk to me about it! _____
2. Do you remember what we were talking about? _____
3. What were you expecting? _____
4. The company for which I was working went bust. _____
5. I allowed them to buy one. _____

G26 General revision

1 Terrain facile: Special uses of the present tense

Write a sentence giving details of what has just happened to explain the moods in the prompts below. Then translate the sentence into English.

Example: *terrifié; elle; voir.* Answer: *Elle est terrifiée parce qu'elle vient de voir une araignée.*

1. soulagé; il; finir _____

2. rassassié; nous; manger _____

3. fatigué; elles; faire _____

4. déçu; nous; rater _____

5. bronzé; ils; rentrer _____

2a Terrain moyen: Uses of the imperfect

Rearrange these jumbled sentences so that they make sense and translate them into English.

1. a l' il Il sur ans cette cinq quand depuis technique travailler maîtrisée finalement

   _____

2. de le le sur est Nous notre marché quand changer système nouveau logiciel apparu venions

   _____

2b Terrain moyen: Imperatives

Translate the following sentences into French.

1. Hurry up! _____

2. Let's go! _____

3. Don't worry, Madame! _____

4. Don't listen to them, Paul! _____

5. Look at the time, Nathalie! _____

3 Terrain difficile: Sequence of tenses with *si*

Translate the following sentences into French.

1. If we developed wind and solar power, there would be a lot less pollution. _____

   _____

2. If I had known, I would have reacted differently. _____

3. If there is another attack, the economic consequences will be very serious. _____

   _____

4. If I change my mind, I'll let you know. _____

5. If they had thought of the consequences, they would have never done it. _____

   _____

G27 Grammar for Advanced Extension papers

1 | Tous les terrains: Verb forms

In each sentence, put the word in brackets into the correct form for its grammatical context.

1. J'irai moi-même, à moins que tu ne _____ (vouloir) y aller.

2. Si elle n'avait pas pris le plan de la ville, elle _____ (se perdre).

3. Quand ce _____ (être) fini, nous irons nous promener.

4. Est-ce que c'était vous qui _____ (téléphoner) tout à l'heure?

5. Je voulais absolument que tu le _____ (savoir) tout de suite.

2 | Tous les terrains: Verb forms

For each of the following sentences write a fresh sentence whose meaning is as close as possible to that of the original sentence but which includes the word or words given in bold.

Example: *Dis-moi le nom de cette fille.* (**comment**) Answer: *Dis-moi comment s'appelle cette fille.*

1. Je travaille et j'écoute de la musique en même temps. (**tout en**) _____

_____

2. «Tu comprends?» lui a-t-elle demandé. (**s'il**) _____

3. Il joue au rugby pour la dernière fois. (**plus**) _____

4. Les devoirs lui ont pris plus de deux heures. (**mis**) _____

_____

5. Avant l'arrivée de Marion, il allait tout à fait bien. (**vienne**) _____

_____

6. Je crois qu'il est coupable. (**soit**) _____

7. La ceinture de sécurité m'a sauvé. (**été**) _____

8. Elle s'est douchée et puis elle s'est remise au travail. (**après**) _____

_____

9. Malgré son manque d'expérience, il maîtrise bien la situation. (**bien que**) _____

_____

10. On prononce toutes les lettres dans le Midi. (**prononcent**) _____

_____

11. J'ai réussi mon examen – de justesse. (**failli**) _____

12. Sans les subventions du gouvernement, les paysans feraient faillite. (**si le**) _____

_____

13. Le garagiste a vérifié les pneus pour moi. (**vérifier**) _____

14. Tout ce qu'il te faut, c'est un peu de bonne volonté. (**besoin**) _____

_____

Unit 1: Vocabulary

La famille

naître (pp: né; aux: être) – to be born
la naissance – birth
grandir – to grow (up)
élever – to bring up
mourir (pp: mort; aux: être) – to die
la mort – death
la famille – family
l'arbre (m) généalogique – family tree
être originaire de – to be from
les parents – parents *or* relatives
un frère; une sœur – a brother; sister
un demi-frère (des demi-frères) – a half-brother
un frère adoptif – an adopted brother
un beau-père – a father-in-law *or* step-father
une belle-mère – a mother-in-law *or* step-mother
un mari, un époux – a husband
une femme, une épouse – a wife
un neveu; une nièce – a nephew; niece
un cousin; une cousine – (male)/(female) a cousin
un grand-père (les grands-pères) – a grandfather
une grand-mère (les grands-mères) – a grandmother
les grands-parents – grandparents
les petits-enfants – grandchildren
le veuf; la veuve – widower; widow
veuf; veuve – widowed
célibataire – single
le foyer – home *or* homestead
se séparer / divorcer to separate / to divorce
tromper qn – to cheat, deceive *or* be unfaithful to sb
rompre avec qn – to break off a relationship with sb
un foyer monoparental – a single-parent family
l'éclatement (m) de la famille – break-up of the family
une âme sœur – a like-minded person
se lier d'amitié – to forge a friendship
s'entendre (bien) avec – to get on (well) with
être en bons termes – to be on good terms
avoir de bons rapports avec – to have a good relationship with
recevoir (pp: reçu) – to receive, welcome, entertain
accueillir – to welcome
un bon accueil – a warm welcome
sortir avec – to go out with
vivre ensemble – to live together
cohabiter; la cohabitation – to live together; living together
se fiancer – to get engaged
se marier – to get married
épouser qn – to marry sb
le marié; la mariée – the bridegroom; the bride
le mariage – marriage; wedding

les noces (fpl) – wedding
l'amitié (f) – friendship
un copain; une copine – a friend *or* mate
un voisin; une voisine – a neighbour
la convivialité – social interaction
l'individualisme (m) – individualism
les proches (mpl) – close relations; nearest and dearest
la famille lointaine – distant relations
l'adolescence (f) – adolescence *or* teenage years
la jeunesse – youth *or* young people
tolérant; indulgent – tolerant; indulgent
sévère – strict
gâté – spoilt
un droit – a right
une responsabilité – a responsibility
supporter – to put up with
mettre en question – to question
s'opposer à – to oppose
provoquer – to provoke
rejeter l'autorité des parents – to reject parental authority
dépasser les limites – to go beyond the limits
affronter les parents – to confront parents
manquer de repères – to lack a reference point
enfreindre les interdits – to break the rules
n'en faire qu'à sa tête – to do only what suits you
reprocher aux parents de + inf – to blame parents for
pousser à bout – to push to the limits
être étroit d'esprit – to be narrow-minded
être large d'esprit – to be broad-minded
exigeant – demanding
en avoir assez – to have (had) enough; to be sick of
en avoir ras le bol – to be fed up to the back teeth
être dépassé par les événements – to be overtaken by events
être mal dans sa peau – to be ill at ease
être déprimé – to be depressed
faire une fugue – to run away
se réconcilier avec – to become reconciled; to make one's peace with
le conflit des générations – the generation gap
vieillir – to grow old
les personnes âgées – old people
la natalité – birth rate

Dictons et proverbes

Tel père, tel fils. – Like father, like son.
Qui aime bien châtie bien. – Spare the rod and spoil the child.
C'est dans le besoin qu'on connaît ses amis. – A friend in need is a friend indeed.
Plus on est de fous, plus on rit. – The more the merrier.
Qui se ressemble, s'assemble. – Birds of a feather flock together.

Unit 2: Vocabulary

Le temps libre

les loisirs (mpl) – leisure *or* spare time

prendre le temps de vivre – to take time to live

l'accroissement (m) du temps libre – the increase in free time

se reposer – to rest

prendre son temps – to take one's time

se détendre; la détente – to relax; relaxation

le défi – challenge

se libérer de son énergie en excès – to work off one's excess energy

un passe-temps – a hobby

le bricolage – DIY

s'occuper l'esprit – to keep one's mind active

la valorisation de soi – to maintain one's self-esteem

oisif / oisive / l'oisiveté idle / idleness

écouter la radio – to listen to the radio

la longueur d'ondes – wavelength

enregistrer – to record

les informations (fpl) – the news

les actualités (fpl) – the news

faire le point sur l'actualité – to keep up with the news

un spectacle / une pièce a show / a play

un comédien – an actor

réserver à l'avance – to book in advance

la représentation – performance

interpréter un rôle – to perform a role

faire du théâtre – to act

la mise en scène – production *or* performance

un cinéphile – a cinema lover

passer un film – to show a film

doublé – dubbed

en version originale (en VO) – with subtitles

la bande sonore – sound-track

une vedette – a film star

le tournage – filming

la lecture – reading

lire le journal – to read the paper

un journal sérieux – a quality newspaper

le gros titre – headline

s'abonner à – to subscribe to

un abonnement – a subscription

se tenir au courant – to keep informed

la libre parole – free speech

les BD (bandes dessinées) – comic books

les journaux à sensation – the gutter press

le courrier du cœur – agony column

un roman – a novel

le caractère – personality *or* character

un personnage – a character (in a book or play)

la poésie – poetry

stimulant – thought-provoking

un écrivain – a writer

évoquer – to evoke

traiter un thème – to treat *or* examine a theme

le petit écran – the small screen *or* the television

un magnétoscope – a video player

un feuilleton – a soap

un documentaire – a documentary

une émission pour les enfants – a children's programme

zapper – to zap; to change channel

la télévision par satéllite (TPS) – satellite TV

un téléspectateur – a viewer

une chaîne – a channel

un (téléphone) portable – a mobile (phone)

avoir une valeur éducative – to have educational value

provoquer la réflexion – to be thought-provoking

porter un jugement sur – to pass judgment on

enrichir – to enrich

abrutir – to deaden *or* make stupid

s'abrutir à regarder la télé – to become mindless *or* moronic by watching (too much) TV

éclaircir – to enlighten

aveugler – to blind

laver le cerveau – to brainwash

le lavage du cerveau – brainwashing

échapper aux contraintes – to escape from constraints

se changer les idées – to do something different

recharger les batteries – to recharge one's batteries

ouvrir l'esprit à qch – to open one's mind to sth

découvrir (pp: découvert) – to discover

se couper du train-train – to get away from routines

les congés annuels – annual holidays

les grandes vacances – summer holidays

parcourir le monde – to travel the world

être casanier (-ière) – to be a stay-at-home

un routard – a backpacker

Le Guide du Routard – Backpacker's Guide

un voyage organisé – a package holiday

le tourisme de masse – mass tourism

exploiter les touristes – to exploit tourists

être bondé – to be crowded

faire du sport – to do *or* play sport

se refaire une santé physique – to get back into physical shape

se sentir bien dans son corps – to feel good

faire de la marche – to go walking

faire de la randonnée – to go hiking

les sports d'hiver – winter sports

être en forme – to be fit

s'entraîner – to train

Unit 3: Vocabulary

L'éducation

l'école (f) primaire – primary school
le collège – 11-15 school
le lycée – 15-18 school
l'école laïque – state school; state education
une école privée – a private school
en première / terminale in Year 12 / Year 13
un instituteur/trice – a primary school teacher
un professeur – a secondary school teacher
l'université (f); la faculté – university
un cours – a lesson
une matière obligatoire – a compulsory subject
le programme d'enseignement obligatoire – the National Curriculum
facultatif/-ive – optional
être fort ou *doué en* – to be good *or* gifted at
être faible ou *nul en* – to be weak *or* useless at
les activités extra-scolaires – extra-curricular activities
une rédaction; une dissertation – an essay
prendre des notes – to take notes
apprendre par cœur – to learn off by heart
travailler en équipe – to work in a group *or* team
se creuser la cervelle – to rack one's brains
élargir ses connaissances – to broaden one's knowledge
sécher les cours – to skip lessons
bûcher – to swot up; to work away at
le bourrage du crâne – brainwashing; cramming
le contrôle continu – continuous assessment
une épreuve – a test
le baccalauréat – A levels (equivalent)
un bachelier – someone who has passed A levels
il a le bac + 3 – he has studied for 3 years after A levels
passer un examen – to take an exam
réussir un examen – to pass an exam
rater un examen – to fail an exam
redoubler – to repeat a year
les taux (mpl) de réussite; les taux (mpl) d'échec – pass rate; failure rate
poursuivre ses études – to continue with one's studies
s'inscrire à la fac – to go to university
passer un concours – to taken a competitive (entry) exam
passer le CAPES – to take a PGCE (equivalent)
préparer une licence; une maîtrise; un doctorat – to study for a degree; a master; a PhD

Le travail

un métier – an occupation, a trade, a profession
exercer une profession – to practise; to ply a trade
une carrière – a career
la médecine – medicine
le droit – law
s'éclater dans son travail – to enjoy one's job
avoir des dispositions pour – to be good at; to be suited to
s'acharner – to go at fiercely and unrelentingly
réussir – to succeed
faire fortune – to make one's fortune
faire faillite – to go bust
faire de longues heures – to work a long day
stresser – to stress
s'épanouir – to blossom *or* flourish
faire un stage – to do a course
la formation continue – lifelong learning; in-service training
un métier qui rapporte – a lucrative job
embaucher qn – to take sb on
licencier qn – to lay sb off
renvoyer ou *mettre la porte* – to dismiss *or* sack sb
faire grève – to go on strike; to strike
le chômage – unemployment
un chômeur – an unemployed person
un cadre – a boss; a manager
un collègue – a colleague
un ouvrier – a worker; workman
un employé de bureau – an office worker
une usine – a factory
travailler à la chaîne – to work on the production line
le syndicat – union
revendiquer; une revendication – to claim; claim, demand
l'ANPE (l'Agence Nationale pour l'Emploi) – Employment Agency
recruter – to recruit
les offres (fpl) d'emploi – job offers
fournir des références – to supply references
poser sa candidature – to apply
se faire embaucher – to get taken on
un CDD (un contrat à durée déterminé) – a fixed term contract
un CDI (un contrat à durée indéterminée) – a permanent contract

Dictons et proverbes

Mieux vaut la tête bien faite que bien pleine. – It's more important to know how to think than to have a head full of facts!
À toujours travailler les enfants s'abrutissent. – All work and no play makes Jack a dull boy.
Bon à tout, propre à rien. – Jack of all trades and master of none.
Tout ce qui mérite d'être fait mérite d'être bien fait. – If a job's worth doing, it's worth doing well.

Unit 4: Vocabulary

La nourriture

un mangeur/une mangeuse – an eater
c'est un gros mangeur – he's a big eater
la faim – hunger
la soif – thirst
avor faim/soif – to be hungry/thirsty
avoir le ventre creux – to be hungry
travailler le ventre creux – to work on an empty stomach
un repas de famille/fête – a family/celebration meal
un casse-croûte – a snack
une entrée – a starter
le plat principal – main course/dish
goûter; un goût – to taste; a taste
le goûter – a mid-afternoon snack
les papilles gustatives – tastebuds
l'assaisonnement (m) – seasoning
doux/douce – sweet
sucré/salé – sweet/savoury
amer/amère – bitter
savoureux/fade tasty/bland
piquant – hot, spicy
relevé – highly-seasoned, spicy, hot
cru – raw
les surgelés – frozen food
les repas prêts – pre-cooked meals
les plats cuisinés – ready-cooked dishes
la cuisine du terroir – local foods or cooking
la cuisine traditionnelle – traditional cooking
la cuisine gastronomique – gourmet food
la haute cuisine – top-class cooking
la restauration rapide ou *le fast food* – fast-food
une recette – a recipe
cuisiner/faire cuire – to cook
être gourmand – to enjoy one's food
la gourmandise – greediness; pleasure in food
les gourmandises (fpl) – delicacies; sweetmeats
être difficile – to be fussy
être allergique à – to be allergic to
engloutir – to gobble up *or* wolf down
avaler – to swallow
grignoter – to nibble *or* to snack
apprécier – to appreciate
être rassassié – to be satisfied; to have eaten one's fill
sauter un repas – to miss a meal
les produits laitiers – dairy products
les féculents (mpl) – starchy foods
les crudités (fpl) – crudités
une salade composée – a mixed salad
les fruits (mpl) de mer – seafood
les crustacés (mpl) – shellfish

les pâtes (fpl) – pasta
le pain complet – wholemeal bread
un plateau de fromages – cheeseboard
une boisson – a drink
désaltérer – to quench one's thirst
un vin rouge/blanc/mousseux – a red/white/sparkling wine
un vignoble – a vineyard
déguster – to taste
la dégustation – tasting
une gorgée – a mouthful
consommer avec modération – to drink sensibly
se soûler – to get drunk
être alcoolique – to be an alcoholic

La santé

suivre un régime – to follow a diet
se mettre au régime – to go on a diet
une alimentation équilibrée – a balanced diet
être en bonne santé – to be in good health
la ligne – figure
gros; obèse – fat; obese
mince; maigre – slim; thin
maigrir – to slim
être végétarien/ienne – to be vegetarian
les produits biologiques – organic food
les OGM (les organismes génétiquement modifiés) – GM food
les engrais (mpl) – fertilisers
les pesticides (mpl) – pesticide
le rendement – yield or harvest
trafiquer la nourriture – to tamper with food
destiné à la consommation humaine – destined for human consumption
être toxique – to be poisonous
un champignon vénéneux – a poisonous mushroom
une allergie – an allergy
savoir ce qu'on mange – to know what one is eating
l'ESB (f) – BSE
la maladie de la vache folle – mad cow disease
la fièvre aphteuse – foot-and-mouth disease
manger sain – to eat healthily
se sentir mieux – to feel better
les vitamines (fpl) – vitamins
les protéines (fpl) – proteins
les matières grasses – fat content
les produits diététiques – healthfoods
les oligo-éléments – trace elements
le cholestérol – cholesterol
l'apport (m) en ou de vitamines – the vitamins provided by
l'appétit vient en mangeant – eating whets your appetite

Unit 5: Vocabulary

Les voyages

voyager – to travel

partir en voyage organisé – to go on a package tour

parcourir le monde – to travel the world

le dépaysement – change of scenery; sense of being disorientated (ie because of culture shock)

l'itinéraire (m)/le parcours – route

le trajet – journey

passer par – go through *or* via

faire étape – to break the journey

faire du tourisme – to go sightseeing

l'industrie (f) du tourisme – the tourist industry

exploiter les touristes – to exploit tourists

un attrape-touristes – a tourist trap

une évasion – an escape

un vacancier – a holiday maker

un estivant – a summer visitor

louer un gîte – to hire a cottage

la location – hire

les chambres (fpl) d'hôte – bed and breakfast

une auberge de jeunesse – youth hostel

une station balnéaire – a seaside resort

une station de ski – a ski resort

La voiture

conduire – to drive

un chauffeur – a driver

un chauffard – a roadhog

un permis de conduire – driving licence

le code de la route – Highway Code

se mettre en route – to set off

démarrer la voiture – to start the car

dépasser – to overtake

déraper – to skid

s'écraser contre – to crash into

se renverser – to overturn

renverser qn – to knock sb down

un accident grave/mortel – a serious/fatal accident

les blessés (mpl) – injured

mourir sur le coup – to die instantly

freiner; le frein – to brake; brake

accélérer; accélérateur – to accelerate; accelerator

changer de vitesse – to change gear

débrayer – to let in the clutch

les phares (mpl) – headlights

les veilleuses (fpl) – sidelights

rouler en code – to drive with dipped headlights

les essuie-glace (m) – windscreen wipers

les pneus (mpl) – tyres

gonfler les pneus – to blow up tyres

le pot d'échappement – exhaust

émettre – to emit

les gaz (mpl) d'échappement – exhaust fumes

une panne de moteur – a breakdown

tomber en panne d'essence – to run out of petrol

les grands axes – main roads

une nationale – an A road

une départementale – an B road

une autoroute – motorway

le péage – toll

le réseau autoroutier – motorway network

une route à sens unique – a one-way street

un rondpoint – a roundabout

vous n'avez pas la priorité – give way

la circulation – traffic

les heures de pointe – rush hour

un embouteillage – traffic jam

un bouchon – blockage; traffic jam

Le train

un train de voyageurs/de marchandises – a passenger/goods train

un Train à Grande Vitesse (TGV) – a high-speed train

la Société Nationale de Chemin de fer Français (SNCF) – the French Railways

le réseau ferroviaire – rail network

la gare – station

les horaires (mpl) – timetable

le guichet – ticket office; booking office

guichet fermé – position closed

composter – to date-stamp (of a ticket)

le quai/la voie platform/line

le compartiment – compartment

fumeur/non-fumeur – smoking/non-smoking

un aller simple – a single ticket

un aller-retour – a return ticket

valable/non-valable – valid/not valid

en provenance de Paris – from Paris

à destination de Toulouse – to Toulouse

L'avion

un vol – a flight

une compagnie aérienne – an airline

un avion – a plane

un appareil – an aircraft

l'équipage (m) – crew

le pilote – pilot

une hôtesse de l'air – an air hostess

décoller – to take off

le décollage – take-off

atterrir – to land

l'atterrissage (m) – landing

la vitesse de croisière – cruising speed

la piste d'atterrissage – runway

un aéroport – an airport

enregistrer les bagages – to register luggage

les bagages (mpl) à main – hand luggage

Unit 6: Vocabulary

L'Europe

l'UE (Union Européenne) – EU (European Union)
rassembler les pays – to bring countries together
établir des liens forts – to establish strong links
un pays membre – member state
la frontière – border
la libre circulation des biens et des personnes – the free movement of goods and people
la PAC (Politique Agricole Commune) – Common Agricultural Policy
Bruxelles – Brussels
un eurosceptique – a eurosceptic
le nationalisme – nationalism
la souveraineté – sovereignty
perdre l'identité nationale – to lose one's national identity
l'Europe fédérale – federal europe
la bureaucratie – bureaucracy
la monnaie unique – single currency
s'adapter à la nouvelle monnaie – to adapt to the new currency
élargir la communauté – to enlarge the community

La France

L'Hexagone (m) – the Hexagon (France)
jouir de – to enjoy *or* boast
bénéficier de – to benefit from
une économie forte/croissante – a strong/growing economy
les taux (mpl) de croissance – rate of growth
en province – in the provinces
la décentralisation – decentralisation
un département – a department (county)
les autochtones (mpl) – native residents
les immigrés (mpl) – immigrants
s'intégrer – to become integrated into
un préjugé – a prejudice

L'informatique

un ordinateur – a computer
informatiser – to computerise
entrer dans le système – to log on
sortir du système – to log off
le courrier électronique – e-mail
un mail – an e-mail
un logiciel – (a piece of) software
le traitement de texte – word processing
le traitement graphique – graphics
une base de données – a database
le clavier – keyboard
une touche – a key
l'écran (m) – screen
le disque dur; une disquette – hard disk; floppy disk
une imprimante – a printer
imprimer un document – to print a file

une puce – a chip
un virus – a virus
une souris – a mouse
la toile – the Net
surfer le Net – to surf the Net
un site-web – a website
convivial; la convivialité – user-friendly; user friendliness
la réalité virtuelle – virtual reality

Les jeunes

être bien dans sa peau – to feel good/comfortable with oneself
forger son identité – to forge one's identity
l'autorité parentale – parental authority
l'esprit (m) de contradiction – contradictory spirit
pousser à bout – to push to the limit
se disputer avec – to argue with
s'en prendre à – to take it out on; to lay into
un bouc émissaire – a scapegoat
le conflit des générations – the generation gap
la mode – fashion
les rapports (mpl) – relationships
rien de nouveau sous le soleil – nothing new under the sun

Le féminisme

la condition féminine – state/lot of women
la discrimination sexuelle – sexual discrimination
l'égalité (f) des sexes – equality of the sexes
l'égalité (f) des chances – equal opportunities
les inégalités (fpl) – inequalities
se battre pour – to fight for
une femme au foyer – a housewife
une femme carriériste – a career woman
la contraception – contraception
la grossesse – pregnancy
la légalisation de la pilule – legalisation of the pill
la disponibilité de la pilule – availability of the pill
l'avortement (m) – abortion
s'épanouir – to find fulfilment
être indépendant – to be independent
les tâches ménagères (fpl) – housework

La publicité

un spot publicitaire – an advertising slot *or* break
une réclame – an advert
faire de la réclame pour un produit – to advertise a product
une petite annonce – a small ad
une campagne publicitaire – an advertising campaign
promouvoir – to promote
faire appel à – to appeal to
le matraque publicitaire – media hype *or* overkill
exploiter – to exploit
la société de consommation – consumer society
le lavage du cerveau – brainwashing
une image de marque – a brand image

Unit 7: Vocabulary

S.O.S Planète

l'univers (m) – universe

le ciel – sky

la terre – earth

le système solaire – solar system

l'atmosphère (f); atmosphérique – atmosphere; atmospheric

la couche d'ozone – ozone layer

un trou – a hole

occidental; oriental – western; eastern

la hausse des températures – rise in temperatures

le réchauffement de la planète – global warming

l'effet (m) de serre – greenhouse effect

les pluies (fpl) acides – acid rain

la sécheresse – drought

s'étendre – to spread

au dessus du niveau de la mer – above sea-level

entourer – to surround

un glacier – a glacier

un champ de glace – an ice field

fondre – to melt

la fonte des calottes polaires – melting of polar ice-caps

la mer – sea

le rivage – shore

le littoral – coast

la plage – beach

la marée (haute; basse) – (high; low) tide

la vie marine – sea-life

un naufrage – a shipwreck

couler – to sink

une épave – a wreck

s'échouer – to run aground

s'écraser contre – to crash into or against

se déverser dans la mer – to flow into the sea

une nappe de pétrole – an oil slick (on the water)

une marée noire – an oil slick (on the beach)

l'eau douce – fresh water

la nappe phréatique –(underground) water table

couler – to flow

la rivière/le fleuve river/major river

l'estuaire (m) – estuary

la rive – bank

trouble; boueux – turbid *or* cloudy; muddy

le lac; la mare – lake; pool

le marais – marsh

polluer/la pollution to pollute/pollution

émettre – to emit

nuire à – to harm, injure, damage

nuisible – harmful

les déchets (mpl) ménagers – household rubbish

les ordures (fpl) ménagères – household waste

l'élimination (f) des déchets – waste disposal

récupérable – reclaimable

réutilisable – reusable

un tas de compost – a compost heap

trier – to sort or separate out

le tri – sorting out or selection

recycler – to recycle

le papier/verre recyclé – recycled paper/glass

traiter les déchets – to treat waste

la décharge municipale – municipal tip

une usine de retraitement – a treatment plant

épurer – to purify

l'épuration (f) des eaux – purification of water

une centrale thermique au charbon – a coal-fired power station

le charbon; la houille (f) – coal

la houille blanche – hydroelectric power

la houille verte – marine power or wave energy

une centrale nucléaire – a nuclear power station

les déchets radioactifs – radioactive waste

un combustible organique – a biofuel

les économies (fpl) d'énergie – energy savings

l'énergie éolienne/solaire/hydro-électrique – wind/solar/hydro-electric power

l'électricité (f) marée-motrice – wave-tidal electricity

l'énergie (f) renouvelable – renewable energy

répondre aux besoins énergétiques – to meet energy requirements

à long/court terme – in the long/short term

les ressources (fpl) naturelles – natural resources

investir dans – to invest in

un pesticide – a pesticide

un engrais chimique – a chemical fertiliser

les polluants (mpl) – pollutants

menacer – to threaten

les risques (mpl) – risks

les écologistes (mpl) – ecologists

les Verts (mpl) – Greens

passer à l'action – to take action

limiter les dégâts – to contain or limit the damage

sensibiliser l'opinion – to make people aware of

prévoir les conséquences – to foresee the consequences

s'aggraver – to get worse

s'améliorer – to get better

contrôler les rejets polluants – to control pollutant waste

en voie de disparition – disappearing

la survie des espèces – survival of the species

Proverbe

Mieux vaut prévenir que guérir. – Prevention is better than a cure.

Unit 8: Vocabulary

Le riche et le pauvre

l'argent (m) – money

l'argent de poche – pocket money

en avoir pour son argent – to get good value

payer en liquide – to pay cash

la monnaie (unique) – (single) currency; change

le revenus (mpl) – income

les taux (mpl) d'intérêt – interest rates

prêter – to lend

emprunter – to borrow

être fauché – to be broke

être sans le sous – to be penniless

rouler sur l'or – to be rolling in it

être plein aux as – to be loaded

être milliardaire – to be a billionaire

être aisé – to be financially comfortable or well-off

le prix de revient – cost price

la société d'abondance – the affluent society

la croissance – growth

exporter; importer – to export; to import

la richesse – wealth

les bénéfices (mpl) – profit

faire fortune – to make a fortune

faire faillite – to go bankrupt

les pays développés – developed countries

les pays (mpl) en voie de développement – developing countries

la répartition des richesses d'un pays – the distribution of a country's wealth

le tiers monde – the third world

créer des dépendances (fpl) – to create a dependency

le commerce équitable – fair trade

la mondialisation – globalisation

soutenir – to support

porter aide à – to help

une association caritative – a charity

le bénévolat – voluntary help

manquer de ressources – to lack resources

être au chômage – to be unemployed

toucher le chômage – to receive unemployment benefit

la pauvreté/la misère – poverty

un sans abri – a homeless person

défavorisé – disadvantaged or underprivileged

la déchéance – decay, decline, degeneration

le désespoir – despair

être dans la gêne – to be in (financial) difficulties

les déshérités – the have-nots

être affamé – to be starving

un clochard – a tramp

mendier – to beg

un mendiant – a beggar

le seuil de pauvreté – poverty line or level

la soupe populaire – soup kitchen

vulnérable – vulnerable

dormir sous les ponts – to sleep rough or on the street

les SDF (sans domicile fixe) – homeless

la zone – slum-belt

un ou une HLM (habitation (f) à loyer modéré) – (block of) council flats

être exclu – to be excluded

être marginalisé – to be edged out or marginalised

se sentir rejeté – to feel rejected

la (ré)insertion – (re)integration

les difficultés (fpl) d'insertion – problems of integration

régulariser sa situation – to legalise one's position

le RMI (revenu minimum d'insertion) – income support

les allocations (fpl) de logement – housing allowance

les allocations (fpl) familiales – family allowance

le troisième âge – the years of retirement

les personnes âgées – elderly people

le manque d'autonomie – lack of autonomy

délaissé – abandoned

prendre la retraite – to retire

la retraite anticipée – early retirement

la longévité moyenne – average life expectancy

l'acroissement (m) de la longévité – the increase in life expectancy

la pension de retraite – retirement pension

la maison de retraite – retirement home

la solitude – loneliness

l'exode rural – drift from the land

la France profonde – rural France

un exploitant agricole – a smallholder or farmer

un paysan; une paysanne – farmer or (pej) peasant

le manque de prestations – lack of facilities

la rentabilité – profitability

rentable – profitable or financially viable

laisser à l'abandon – to desert or neglect

l'abandon (m) des campagnes – desertion of the countryside

se vider – to empty

Dictons et proverbes

L'argent ne fait pas le bonheur. – Money can't buy you happiness.

Charité bien ordonné commence par soi-même. – Charity begins at home.

Ventre affamé n'a point d'oreilles. – A hungry man is an angry man.

Point d'argent, point de Suisse. – (You get) nothing for nothing.

Pauvreté n'est pas vice. – Poverty is not a vice or there is no shame in being poor.

Unit 9: Vocabulary

La santé

en bonne santé – in good health
robuste/faible strong/weak
malade/maladif ill/sickly
faire venir le docteur – to send for the doctor
être suivi par un médecin – to be under a doctor
avoir de la fièvre – to have a temperature
un médicament – medicine
une piqûre – an injection
la pharmacie/un pharmacien chemist's/a chemist
avoir mal à la tête/au ventre/aux dents – to have a
    headache/stomachache/toothache
enfler – to swell
la douleur/douloureux pain/painful
avoir des vertiges – to be dizzy
s'évanouir – to faint
la grippe/un rhume flu/a cold
être enrhumé – to have a cold
une maladie contagieuse – an infectious illness
une crise cardiaque – a heart attack
une congestion cérébrale – a stroke
un hôpital – a hospital
un cabinet médical – a doctor's surgery
un chirurgien – surgeon
une intervention (chirurgicale) – an operation
se faire opérer – to have an operation
un médecin – a doctor
soigner qn – to look after *or* treat sb
une infirmière – nurse
guérir – to cure *or* make better
se rétablir – to recover
une rechute – a relapse
une dépression nerveuse – a mental breakdown
l'assurance (f) maladie – health insurance
l'avortement (m) – abortion
l'euthanasie (f) – euthanasia
la greffe des organes – organ transplant

La drogue, l'alcool et la cigarette

la drogue – drug(s)
l'abus (m) de – abuse of
l'accoutumance à – addiction to
s'adonner à – to become addicted to
une dépendance physique/pyschologique –
    physical/psychological dependence
la toxicomanie – drug addiction
un toxicomane – a drug addict
être accroché – to be hooked
la Brigade des Stupéfiants – Drugs Squad
le cannabis – cannabis
la cocaïne – cocaine

l'héroïne (f) – heroin
un dealer – a (drug) dealer
la disponibilité – availablity
une drogue douce/dure – a soft/hard drug
se droguer – to take drugs
s'injecter – to inject oneself
une aiguille souilléee – a dirty needle
une syringue – a syringe
légaliser – to legalise
faire une cure de désintoxication – to undergo
    treatment for alcoholism or drug addiction
l'alcool (m) – alcohol
être alcoolique – to be an alcoholic
être en état d'ébriété – to be drunk *or* intoxicated
un ivrogne – a drunkard
une unité d'alcool – a unit of alcohol
fumer – to smoke
nuire à la santé – to harm one's health
les goudrons (mpl) – tar
la nicotine – nicotine
être en manque de – to have withdrawal symptoms
gêner – to disturb
l'exposition passive à la fumée – passive exposure to
    smoke
le tabagisme – addiction to smoking
la tabagie de proximité – passive smoking
provoquer le cancer – to cause cancer
le poumon – lung
la campagne anti-tabac – anti-smoking campaign
la liberté des non-fumeurs – the freedom of non
    smokers

Le sida

le sida – AIDS
un sidaïque – an AIDS sufferer
être ignorant de – to be unaware of
guérissable – curable
les symptômes (mpl) – symptoms
le système immunitaire – the immune system
infecté – infected
séropositif – seropositive
transmettre – to pass on *or* transmit
les MST (maladies sexuellement transmissibles) –
    sexually transmitted diseases
un préservatif – a condom
une transfusion sanguine – a blood transfusion

Dictons et proverbes

Qui veut aller loin ménage sa monture. – It pays to
    look after your health.
La liberté des uns s'arrête là où commence celle des
    autres. – One man's freedom stops where the
    next man's starts.

Unit 10: Vocabulary

Les relations internationales

les Nations Unies – the United Nations
l'Otan – NATO
les droits (mpl) de l'homme – human rights
une violation des droits de l'homme – a human rights violation
une super-puissance – a superpower
négocier (en coulisses) – to negociate (behind the scenes)
l'intransigeance (f) – intransigence
l'échec des pourparlers – the breakdown of talks
se détériorer – to get worse
rompre des relations avec – to break off (diplomatic) relations with
l'immigration (f) – immigration
un immigré – an immigrant
un immigré de la seconde génération – a second generation immigrant
un ressortissant – a national
le pays d'origine/natal – country of origin/birth
La France, terre d'accueil – France, the land of welcome
un (immigré) clandestin – an illegal immigrant
les sans papiers (mpl) – illegal immigrants
la clandestinité – the secret/illegal/underground nature of something
être en situation régulière/irrégulière – to be with/without the necessary legal documents
demander le droit d'asile – to seek aylum
passer la frontière – to cross the border
une pièce d'identité – a means of identification
une carte de séjour – a residence permit
être muni d'une carte de travail – to have a work permit
un hexagonais – a Frenchman
un Français à part entière – a fully-fledged French citizen
la Patrie – the Fatherland
le droit de vote – the right to vote
un citoyen – a citizen
la citoyenneté – citizenship
un groupe ethnique minoritaire – an ethnic minority
le brassage des races – intermixing of races
un beur – a young North African born in France (slang)
la Maghreb – the Maghreb *or* North Africa
maghrébin – from *or* pertaining to North Africa
les DOM-TOM (départements d'outre-mer – Territoires d'outre-mer) – overseas regions and territories of France
une ancienne colonie – a former colony
le colonialisme – colonialism
une guerre d'indépendance – a war of independence

une société pluriculturelle – a multi-cultural society
les attaches familiales – family ties
le regroupement familial – bringing a family together
l'insertion (f) sociale – social integration
s'intégrer dans la société – to integrate into society
les difficultés (fpl) d'insertion ou d'adaptation – the difficulties of adapting

Le racisme

l'hiérarchie (f) des races – hierarchy of the races
une ethnie – an ethnic group
l'épuration (f) ethnique – ethnic cleansing
l'eugénisme (m) – eugenics
la violence raciste – racist violence
une ratonnade (péj) – a racist attack on immigrants
une émeute raciale – a race riot
avoir des préjugés (mpl) – to have prejudices
la propagande – propaganda
le seuil de tolérance – tolerance threshhold
attiser les tension – to stir up tensions
l'escalade (f) – the escalation
la recrudescence du racisme – the upsurge of racism
la banalisation des idées racistes – the commonplace acceptance of racist ideas
l'extrême droite – extreme right
la montée de – the rise of
lepéniste – pertaining to Jean-Marie Le Pen (leader of the FN)
la xénophobie – fear or hatred of foreigners
la méfiance – mistrust
être influencé par – to be influenced by
le bouc émissaire . . . – the scapegoat . . .
. . . pour tous les maux de la société – . . . for everything that's wrong in society
l'antisémitisme (m) – antisemitism
un Juif/une Juive – a Jew
l'holocauste (m) – holocaust
le ghetto – ghetto
la discrimination raciale – racial discrimination
le climat de peur – climate of fear
harceler – to harass
le harcèlement – harassment
rendre la vie difficile – to make life difficult
marginaliser – to marginalise
exclure – to exclude
l'hospitalité (f) – hospitality
accueillir – to welcome
un accueil – welcome

Dictons et proverbes

Faites aux autres ce que vous voudriez qu'on vous fît. – Do unto others as you would be done by.
Fais ton devoir, advienne que pourra. – Do your duty come what may.
Chacun pour soi. – Each man for himself.

Unit 11: Vocabulary

La politique

le Chef d'État – Head of State

le Président – President

le Premier Ministre – Prime Minister

un député – a Member of Parliament

le parlement – parliament

l'Assemblée Nationale – National Assembly (House of Commons)

les élections présidentielles – presidential elections

les élections législatives – elections for the National Assembly

élire – to elect

être élu – to be elected

remporter une victoire écrasante – to win a landslide

avoir une faible majorité – to have a small majority

basculer à droite/gauche – to swing to the right/left

majoritaire – (in a) majority

minoritaire – (in a) minority

la gauche/la droite – left wing/right wing

les socialistes – socialists

le parti Travailliste – the Labour Party

le parti Conservateur – the Conservative Party

les centristes (mpl) – the political middle-ground

les libéraux démocrates – liberal democrats

les extrémistes (mpl) – extremists

le Front National – National Front

le gouvernement – government

populaire/impopulaire – popular/unpopular

un adversaire politique – a political opponent

faire table rase – to sweep away the old order

prendre des mesures radicales – to take radical measures

à long terme – (in the) long term

à court terme – (in the) short term

rédiger un projet de loi – to draw up a Bill

adopter un projet de loi – to enact a Bill

abroger une loi – to repeal an Act

tenir le pouvoir – to hold power

partager le pouvoir – to share power

la cohabitation – power-sharing

renoncer au pouvoir – to give up power

démissionner – to resign

les élections municipales – local elections

le conseil municipal – town council

le maire/la Mairie mayor/Town Hall

L'Europe

la communauté européenne – the European Community

adhérer à – to belong to

le marché commun – the Common Market

le parlement européen – European Parliament

la libre circulation – freedom of movement

renforcer le sentiment européen – to strengthen the notion of being European

La religion

le Catholicisme – Catholicism

un Catholique – a Catholic

un Musulman – a Muslim

un Protestant – a Protestant

un Juif/une Juive – a Jew

un Boudhiste – a Buddhist

croire (à qch/en Dieu) – to believe (in sth/in God)

les croyances (fpl) – beliefs

être croyant – to have religious beliefs

la foi – faith

adorer; prier – to worship or adore; to pray

Dieu; un dieu; une déesse – God; a god; a goddess

un pélerin – a pilgrim

un pélerinage – a pilgrimage

une secte – a sect

les Témoins (mpl) de Jéhovah – Jehovah's Witnesses

L'individu

la conscience – conscience

agir selon – to act according to

faire son devoir – to do one's duty

causer du tort à – to cause damage to

faire du bien à – to do good to

interdire; autoriser – to forbid; to allow

intègre – upright *or* showing integrity

méprisable – contemptible *or* despicable

digne/indigne – worthy/unworthy

suivre le bon/mauvais exemple – to follow a good/bad example

tenir parole – to keep one's word

être rebelle – to be rebellious

exprimer clairement ses opinions – to express one's opinions clearly

un objecteur de conscience – conscientious objector

avoir ses propres idées – to have one's own ideas

suivre la foule – to follow the crowd

prendre au sérieux – to take seriously

remettre en question – to question

réfuter une théorie – to reject a theory

aller jusqu'au bout – to see something through to its conclusion

ne pas se confondre dans la masse – to stand out from the crowd

offrir une alternative – to offer an alternative

un point de vue – a viewpoint

Unit 12: Vocabulary

Le féminisme

le mouvement féministe – the feminist movement
le MLF (Mouvement de libération de la femme) – Women's Lib
la liberté – freedom
le militantisme – militancy
la misogynie – misogyny
un phallocrate – a male chauvinist
les droits (mpl) de la femme – women's rights
la discrimination sexuelle – sexual discrimination
le harcèlement sexuel – sexual harassment
autonome – autonomous
ambitieux/ambitieuse – ambitious
faire une carrière dans – to make a career in
poursuivre sa carrière – to follow one's career
une mère célibataire – an unmarried mother
se débrouiller – to cope
les pressions (fpl) sociales – social pressures
réclamer – to claim *or* demand
à travail égal, salaire égal – equal pay for the same work
conserver son nom de jeune fille – to keep one's maiden name

Science et avenir

un chercheur/une chercheuse – a researcher
un pionnier/pionnière – a pioneer
le laboratoire – laboratory
faire de la recherche scientifique – to do scientific research
le dernier cri de la technologie – the latest technological development
un ordinateur dernier cri – a state-of-the-art computer
prendre les devants – to take the lead
une percée scientifique – a scientific breakthrough
la recherche médicale – medical research
maîtriser une technique – to master a technique
le dépistage – detection *or* tracking down
l'éprouvette (f) – test-tube
un bébé éprouvette – a test-tube baby
l'insémination artificielle – artificial insemination
le clônage – cloning
modifier le patrimoine génétique – to change the genetic pattern
faire des tests sur des animaux – to do testing on animals
servir de cobaye – to act as a guinea-pig
comporter des risques – to entail risks

L'énergie

les nouveaux combustibles – new fuels
l'énergie (f) de demain – tomorrow's energy
préserver le patrimoine – to preserve our heritage

développer de nouvelles énergies – to develop new sources of energy
renouvellable – renewable
gérer les ressources – to manage resources
virer au vert – to go green
préserver la biodiversité – to preserve biodiversity
privilégier les énergies non polluantes – to give priority to non-polluting forms of energy

L'informatique

un informaticien – a computer programmer
être programmeur sur ordinateur – to be a computer programmer
le traitement de texte – word processor
une base de données – a data base
un logiciel – a piece of software
mettre à jour – to update
le piratage informatique – computer piracy
numérique – digital
anologique – anologue
compatible – compatible
le jargon informatique – computer jargon
un portable – a laptop
l'ère (f) informatique – computer era
la sécurité des informations – data security
l'enseignement assisté par ordinateur – computer assisted learning

Le monde

la mondialisation – globalisation
le tournant – turning point
une solution durable – a lasting solution
un signe prometteur – a promising sign
inattendu – unexpected
inouï – unheard of
vaciller – to waver
l'échiquier international – international scene
notre place sur l'échiquier mondial – our place on the world stage
le terrorisme – terrorism
une attaque terroriste – a terrorist attack
détourner un avion – to hijack a plane
un attentat à la bombe – a terrorist bombing
revendiquer – to claim or demand
les revendications (fpl) – the demands
le fondamentalisme – fundamentalism
la haine; haïr – hatred; to hate
le Moyen-Orient – the Middle East
faucons (mpl) et colombes (fpl) – hawks and doves
avoir peur du lendemain – to be afraid of the future
prendre des risques – to take risks
poursuivre ses ambitions personnelles – to pursue one's personal ambitions
réaliser quelque chose – to achieve something
l'espoir (m); porteur d'espoir – hope; hopeful

La Famille et Les Loisirs

PART A: Listening

1a. **Écoutez ces interviews avec quatre jeunes adolescents.** Ils parlent de leurs sentiments par rapport à la famille. Ensuite, lisez les phrases qui suivent et cochez (√) les bonnes cases.

Qui est-ce qui . . .?	Thomas	Édouard	Anne	Léa
. . . parle beaucoup avec sa mère et sa sœur.				
. . . aime la famille parce qu'elle est stable.				
. . . ne connaît pas le sens du mot *famille*.				
. . . ne trouve jamais personne à la maison.				
. . . pense que sa famille n'a pas de prix.				
. . . n'a pas des parents tolérants.				
. . . préfère les amis à la famille.				
. . . est rassuré par la présence de la famille.				

8 marks

1b. Choisissez et conjuguez le bon verbe.

1. Thomas pense que la famille _____ la stabilité. (représenter; rassurer; détraquer)

2. Édouard ne _____ pas ce que c'est une vraie famille. (croire; voir; savoir)

3. Anne _____ sa mère et sa sœur. (cacher tout de; partager tout avec; parler tout le temps de)

4. Léa ne _____ pas très bien avec ses parents. (choisir; préférer; s'entendre)

4 marks

2. Qu'est-ce que vous aimez faire pendant votre temps libre? Écoutez ces mêmes personnes qui parlent maintenant de leurs activités préférées.
Cochez les huit bonnes cases.

8 marks

Qui est-ce qui . . .?	Thomas	Édouard	Anne	Léa
. . .fait du tennis.				
. . . va voir parfois un match de foot.				
. . . aime se reposer.				
. . .fait des maquettes.				
. . . regarde la télé.				

PART B: Reading and Writing

In this section you will answer questions on one short item and one longer item.
The marks for each question are given.

1. **Lisez ce témoignage sur l'adoption.** Ensuite, répondez en français aux questions qui suivent.

Je suis un enfant adopté. Ma mère naturelle avait 14 ans à ma naissance. Elle pensait être trop jeune pour s'occuper de moi. Ses parents ne voulaient pas garder un bébé. Alors, je suis allé dans une famille provisoire pendant sept mois. Enfin, quand j'avais presque un an, ma nouvelle famille a pu m'accueillir.

Mes parents adoptifs adorent les enfants, mais ils ne pouvaient pas en avoir. J'étais leur premier enfant. Ils ont encore adopté deux fois. Nous fêtons notre anniversaire, bien sûr, mais nous célébrons notre date d'adoption aussi. Mes parents sont très ouverts. Ils ne nous ont rien caché. Alors nous avons grandi avec l'idée de l'adoption. Elle n'est pas un problème, mais une très bonne chose. C'est l'amour et le sentiment de responsabilité qui comptent.

Jacques, 18 ans

1. Pourquoi est-ce que la mère de Jacques n'a pas voulu le garder? _____
    _____

2. Pourquoi est-ce qu'il avait presque un an lorsqu'il a rencontré ses parents adoptifs? _____
    _____

3. Pourquoi est-ce que les nouveaux parents de Jacques ont décidé de l'adopter? _____
    _____

4. Comment est-ce qu'ils ont abordé le sujet de l'adoption avec Jacques? _____
    _____

5. Qu'est-ce qui est important pour Jacques en ce qui concerne ses parents? _____
    _____

5 marks

2.

Brève rencontre avec Matthieu Chédid

De son père Louis, le chanteur, il a des airs de matou indolent; de sa grand-mère Andrée, l'écrivain, une retenue courtoise. À 26 ans Matthieu Chédid est un enfant réservé; sur scène, M (pseudonyme qu'il s'est choisi pour sortir son premier album 'Le Baptême') est un rocker déjanté. Rencontre avec docteur Chédid et Mr M.

M comme …
Comme 'aime' J'ai écrit mon premier album à la suite d'une déception amoureuse. Je porte la lettre de l'amour parce que tout y est lié.

Peu de chanteurs portent leur nom dans leur coupe de cheveux.
Pour les concerts, je me coiffe en M et je mets une tenue rouge de super héros afin de me mettre dans la peau du personnage. C'est un conditionnement psychologique. Je ne cherche pas à jouer un rôle, je reste très naturel, mais c'est comme si je me permettais alors des choses que je ne me permets pas dans la vie. Sur scène je fais rire les gens, alors que je peux ne pas ouvrir la bouche au cours d'une soirée.

(continued overleaf)

Est-il plus facile de se faire une initiale qu'un prénom?

M est un masque. Pas par rapport à ma famille, mais à cause de ma timidité, même si elle disparaît un peu avec le temps. Je m'entends très bien avec ma grand-mère et mon père. J'aime beaucoup ce que fait mon père et lui, il respecte aussi ce que je fais. On s'entend comme des frères, bizarrement.

Maintenant vous travaillez avec Vanessa Paradis. Comment est née l'idée d'un album avec elle?

Je ne connaissais pas Vanessa. Elle cherchait des gens pour faire son prochain disque. Elle a entendu par hasard la chanson 'Le Baptême' à la radio. Elle l'a trouvée plutôt bien. Elle m'a appelé pour faire une chanson ou deux. Ce qui m'amuse, c'est qu'elle participe vachement aux compositions. C'est elle qui a trouvé des mélodies et nous avons écrit des textes ensemble …

2a. Make notes in English on the interview with M. You should include the following information:

> How Matthieu Chédid dresses as M in concerts and how it affects him.
> Why he calls himself M.
> What his relationship with his father is like.
> How his partnership with Vanessa Paradis started and how it has developed.

8 marks

_____

_____

_____

_____

_____

2b. Dans le résumé suivant, mettez le mot qui manque. Choisissez le mot juste de la case.

Matthieu Chédid s'appelle 'M' car cette lettre représente l'_____1_____. Il s'habille en M pendant les _____2_____ pour se conditionner. Cela l'aide car il est _____3_____. Ses _____4_____ avec son père sont _____5_____. Il est en train de _____6_____ avec Vanessa Paradis. Ils _____7_____ les textes ensemble.

7 marks

amour	anonymat	célèbre	collaborer	concerts	écrivent
fraternels	froids	lisent	origines	rapports	répétitions	timide	se marier

Réponses:

1._____ 2._____ 3._____ 4._____ 5._____

6._____ 7._____

PART C: Speaking

Role-play: Candidate's instructions

Note to candidate: You will begin the task by asking two questions. The task can then be completed in any order.

La situation: Vous restez pendant six mois à Tarbes dans les Pyrénées (région de hautes montagnes). Vous voulez acheter des chaussures de marche pour faire de la randonnée en montagne. Vous allez dans un énorme magasin de sport.

La tâche: Vous demandez à la réception:

> si le magasin vend des chaussures;

> où vous pouvez les trouver dans le magasin.

Le réceptionniste vous mène au rayon des chaussures. Il veut vous aider. Il vous posera des questions. Vous lui expliquerez:

> quelle sorte de chaussures vous voulez;

> où vous allez marcher (et pourquoi);

> que vous avez toujours des problèmes pour trouver de bonnes chaussures (pourquoi?);

> que vous disposez de seulement 50 euros.

À la fin, vous remerciez le réceptionniste de son aide.

Role-play: Examiner's instructions

Note to examiner: You should start by replying to the candidate's initial questions as indicated. Afterwards, the way in which the task develops will vary from one candidate to another. You are not constrained to stick to the order suggested below, but should respond as appropriate to the candidate's comments.

La situation: As on the candidate's sheet. You are a receptionist in a big sports shop. You offer to take the candidate to the shoe department where you ask him some questions and advise him.

In response to the first two questions, you say:

> the shop has a wide variety of sports shoes;

> where they are and that you will take him/her to the relevant department.

In the shoe department, you ask the candidate:

> what sort of sports shoe he wants;

> where he goes walking (and why);

> what size shoes he takes;

> how much money he wants to spend.

Finish by showing the candidate the perfect pair!

Au Travail et À Table

PART A: Listening

In this section, you will hear two short items. The marks for each question are given.

1a.   Problèmes au travail

Écoutez ce témoignage d'un ingénieur qui travaille dans les télécommunications.

Répondez aux questions suivantes en français. Vous n'avez pas besoin d'écrire des phrases complètes.

1. Depuis combien d'années Jean-Pierre travaille-t-il dans cette entreprise? _____

2. Comment est-ce qu'il décrit son patron? _____

3. Comment le patron a-t-il décroché ce poste? _____

4. De combien d'hommes Jean-Pierre est-il responsable? _____

5. Qui n'est jamais content dans l'équipe? _____

6. Quelle est la première solution à ce problème? _____

7. Pourquoi cette solution n'est-elle pas pratique? _____

8. Qu'est-ce que Jean-Pierre va faire dans huit jours? _____

8 marks

1b. Trouvez dans le témoignage le mot ou l'expression qui correspond à chacun des mots ou expressions suivants:

1. En haut _____   4. Licencier _____

2. Partager _____   5. Intolérable _____

3. Tout le temps _____   6. Une interview _____

6 marks

2.   Scandale en Bourgogne

Écoutez ce reportage sur le scandale du vin en Bourgogne. De la liste des phrases qui suit, cochez (√) les six qui sont fausses.

1. Le scandale a éclaté après Noël en 2000.

2. Le scandale a touché la Bourgogne et le Bordelais.

3. La police a trouvé des fraudistes dans une société d'embouteillage.

4. Il n'y avait rien de surprenant dans cette fraude.

5. Les étiquettes sur les bouteilles ne correspondaient pas aux vins.

6. Le patron a dénoncé ses ouvriers.

7. On mélangeait les vins avec du sang de vache.

8. Il y avait moins d'alcool dans les vins trafiqués.

9. Les mauvais vins amélioraient la couleur de certains grands crus.

10. La police a découvert des fraudes dans d'autres sociétés.

6 marks

PART B: Reading and Writing

1.   La semaine des 35 heures
Lisez ces extraits sur la semaine des 35 heures et répondez aux questions qui suivent en anglais.

> La semaine des 35 heures est d'abord un défi social. Elle encourage une création d'emplois massive. Elle veut résorber en grande partie le chômage.

> Elle veut aussi établir un autre type de société, et même de civilisation. En effet, elle veut donner une place importante à la vie personnelle et familiale. Les Français sont heureux de cela.

> Le défi est aussi économique. Certains pays augmentent la durée des heures de travail mais la France n'a pas peur de faire marche arrière. Elle prend volontairement la direction inverse.

> Le dernier défi est politique. Si cette loi des 35 heures réussit, alors le Parti Socialiste sera dans une situation très favorable. Si cette loi est un échec, alors la gauche souffrira de graves conséquences.

> What is the primary purpose of the 35-hour week for all?
> How will it alter the fabric of society?
> In what sense does the new law appear to be a step backwards?
> In what sense is the new law a *political* manoeuvre?

_____

_____

_____

_____

_____

_____

4 marks

2.   Définitions du travail
Lisez ce que pensent ces jeunes de leur travail quotidien. Le travail, c'est ...

Antoine: «Un moyen de remplir sa journée, peu importe comment.»
Abdul: «Un privilège. Ceux qui n'en ont pas souffrent.»
Marie: «La seule façon de prendre des vacances de luxe.»
Olivier: «Un plaisir. Je peux aider les gens chaque jour.»
Jeanine: «Le stress de chaque jour. Trop d'heures. Trop de problèmes.»
Léa: «Une activité saine et physique en plein air.»
Claudine: «Une habitude. Tous mes gestes sont machinaux, répétitifs.»
Ramech: «Une passion. J'adore chercher.»

Écrivez le nom dans la case pour indiquer qui est-ce qui . . .

. . . travaille à la chaîne dans une usine.	
. . . n'accorde aucune importance au travail qu'il fait.	
. . . est conscient du problème du chômage.	
. . . est préoccupée par le gain d'argent.	
. . . souffre de tensions journalières.	
. . . est agricultrice.	
. . . est médecin.	
. . . s'éclate dans la recherche scientifique.	

4 marks

3a.   La nourriture

Lisez le texte et répondez en français aux questions qui suivent.

> Mais où sont passées nos papilles gustatives? Les souvenirs des longs repas de famille autour de la table sacrée sont loin derrière nous. Les Français courent sans cesse, et les repas sautent! Fini le temps où l'on s'arrêtait pour savourer une bonne entrée, une viande cuite à point avec des légumes frais et un petit dessert fait maison . . . Partout surgissent ces maudits sandwichs que l'on arrose d'un coca ou qu'on noie avec du café. Chez les enfants, c'est pire. Regardez les assiettes à la cantine à la fin du repas: on pourrait nourrir tout un pays avec ce qu'ils laissent. Ces enfants sont de plus en plus difficiles. Les parents n'ont pas le temps de les forcer à manger des légumes variés. Vive les viandes reconstituées et fades, sans goût distinctif! Vive les boissons gazifiées et surtout sucrées! Vive les petits obèses sur les plages du sud! Mais où sont passées les vieilles et bonnes habitudes nationales?

1. Pourquoi les Français sautent-ils plus de repas? _____

    _____

2. Comment est-ce que les Français essaient de rendre les sandwichs plus faciles à avaler? _____

    _____

3. Où est-on particulièrement conscient du gaspillage? _____

    _____

4. Quelle est la conséquence grave sur le corps des enfants de cette nouvelle façon de manger? _____

    _____

8 marks

3b. Trouvez dans le texte une expression qui veut dire:

> Respecté par tous _____

> Quelque chose qui n'est pas préparé industriellement _____

> Le fait de ne pas aimer toutes sortes de nourriture _____

> Qui contient beaucoup de bulles _____

4 marks

PART C: Speaking

Role-play: Candidate's instructions

Note to the candidate: You should begin the task by asking the two questions. The task can then be completed in the order you prefer. You should base your replies on the English text, but sometimes you will need to use your imagination.

La situation: Vous enseignez le français dans un lycée traditionnel dans les West Midlands. Un collège-lycée à Sète veut commencer un échange linguistique et culturel avec votre école.

La tâche: Vous allez à Sète et vous visitez cette école. Vous parlez de l'échange avec le Proviseur et vous discutez des possibilités et des problèmes. Vous demanderez:

> quelles classes sont intéressées par l'échange;
> les problèmes envisagés par le Proviseur français.

Vous avez avec vous le prospectus de votre école.
Vous pensez que les problèmes ne sont pas importants et qu'on peut trouver des solutions.
Le proviseur vous pose des questions. Vous lui expliquerez:

> dans quelle région se trouve l'école;
> depuis combien de temps l'école existe;
> qu'il y a 200 élèves en première et en terminale dont 40 font du français;
> que tous les élèves font entre deux et cinq ans de français.

Queen Mary's est une école de garçons. Il y a quelques filles en première et en teminale. Au cours de la conversation, vous expliquerez que:

> l'école des filles locale voudrait se joindre à l'échange;
> Il y a beaucoup de possibilités d'activités dans cette école et dans les alentours. C'est à vous de persuader le Proviseur que l'échange pourrait être un succès.

Queen Mary's Grammar School

From the headmaster:

Welcome to Queen Mary's!

The school is a community of boys, parents, staff and governors all working together with one principal aim: to achieve high academic success for pupils of high academic ability.

We believe very strongly in the education of the whole person, and we offer a wide variety of extra-curricular activities. It is outside the classroom that our pupils begin to learn about life. Farhynys, our Welsh Field Centre, is the venue for field courses and is used for a base for mountain walking, cycling and camping. At school, there is a full programme of activities in sport, music and drama.

We have this year applied for Language College Status and are hoping to develop the teaching of three European languages: French, German and Spanish.

Our school is situated within easy striking distance of Oxford and Stratford and there are regular visits to the new Science Museum in Birmingham, the open-air Black Country Museum and the new Art Gallery in Walsall. Queen Mary's is a happy and forward-looking school. We hope that you will visit us and see for yourself.

Role-play: Examiner's instructions

Note to the examiner: Below is a guide to the conduct of your part in the role-play exercise. You should start the task as indicated, but the way in which the task develops from that point will of course vary from candidate to candidate.

The situation: As on the Candidate's sheet. You are the Proviseur of the French School. You are interested to know more about Queen Mary's and the various possibilities for the proposed exchange. You have some concerns too.

The task: You begin the task as follows:

«Si je comprends bien, vous êtes prof de français à Queen Mary's. Nous souhaitons commencer à développer des liens avec votre école. Je crois bien que vous avez des questions à me poser.»

In response to the candidate's questions:

> Two Year Groups are particularly interested: les 3ème (Y10) and les Premières (Y12);

> The fact that it is a boys' school and the French school is co-educational.

The candidate has the school prospectus. During the conversation you wish to find out:

> In which part of England the school is;

> What type of school it is and how long it has been in existence;

> How many pupils there are in the Sixth Form and how many study French;

> If any of the younger pupils study French too.

During the conversation, you want to be convinced that there will be enough girls interested in the exchange for appropriate partners to be found. You also want to ensure that there will be enough activities and visits laid on. In the end you agree that the exchange should go ahead.

En Route et On Change de Look

PART A: Listening

1. Le portable

Nous avons demandé à trois personnes – Anna, Hamed et Franck – de nous raconter leurs opinions au sujet des téléphones portables. Écoutez leurs témoignages.

1a. Anna

Cochez la case qui correspond à l'expérience d'Anna.

1. Pour elle, les portables sont
   - a. acceptables
   - b. affreux
   - c. affolants

2. Dans la queue, une personne
   - a. parlait à la caissière
   - b. parlait à sa fille
   - c. parlait dans son portable

3. La conversation était au sujet
   - a. d'un mal de tête
   - b. de tout et de rien
   - c. d'un problème au travail

4. La femme au portable était
   - a. mal polie
   - b. respectueuse
   - c. sensible

4 marks

1b. Hamed

Dans le transcrit ci-dessous, remplissez les blancs. Dans chaque cas, il s'agit d'un seul mot.

Le portable, c'est _____. On peut contacter _____ on veut, où on veut, quand on veut.

C'est un _____ fantastique dans les communications. Fini les _____ qui ne sont jamais

_____. Ça nous _____ au travail, comme dans la vie privée. C'est fantastique.

6 marks

1c. Franck

Répondez en français aux questions suivantes:

1. Qu'est-ce que le portable permet de faire? _____

   _____

2. Quel est l'avantage principal du portable, selon Franck? _____

   _____

3. Dans quelle situation Franck était-il bien content d'avoir son portable? _____

   _____

4. Quel aspect du portable est-ce qu'il trouve désagréable? _____

   _____

5. Quel est son conseil, finalement? _____

10 marks

PART B: Reading and Writing

In this section, you will read one longer item. The marks for each question are given.

1a. **Lisez l'article 'La vie à grande vitesse'.** Répondez aux questions en français en utilisant des phrases complètes. Attention! **Il y a 5 points supplémentaires pour la qualité de votre langue.**

La vie à grande vitesse!

Tout change, tout passe. De nos jours, c'est la vitesse T.G.V. pour tout. Vous connaissez la dernière mode vestimentaire? Elle est déjà finie! Vous avez acheté le dernier T-shirt de votre équipe de foot? Celui de la saison suivante apparaît. Ce jeu d'ordinateur vient de sortir. Il est super. Vous ne l'achetez pas? Non. C'est l'ordinateur qu'il faut changer d'abord. Il a quatre ans déjà.

Le présent nous échappe, les choses certaines aussi. Tout passe, très vite, et il est difficile de s'asseoir un instant, de faire la pause, de faire des choix surtout. Partout des pressions, des promesses, des tentations. Le présent n'est plus que le regard sur le futur. Avoir du flair, ce n'est pas choisir ce qui est beau ou bon, c'est de savoir ce qui sera acceptable demain.

---

1. Pourquoi est-ce qu'il est difficile de savoir s'habiller? _____

_____

2. Comment est-ce qu'on essaie de commercialiser le sport? _____

_____

3. Quel est le problème avec les ordinateurs? _____

_____

4. Pourquoi est-ce qu'il est difficile de rester calme de nos jours? _____

_____

5. Comment est-ce que l'auteur de cet article définit *le flair*? _____

_____

10 marks

1b. L'auteur prétend que tout change à une vitesse frénétique. Est-ce que vous êtes d'accord? Écrivez environ 80 mots pour donner votre opinion.

_____

_____

_____

_____

_____

_____

5 marks

PART C: Speaking

Role-play: Candidate's instructions

Note to the candidate: You should begin the task by asking the two questions. The task will then be completed in the order determined by the examiner's questions. You should base your replies on the English text, but sometimes you will need to use your imagination.

La situation: Vous êtes le directeur d'une petite agence de voyages en Angleterre qui se spécialise dans le tourisme en Afrique. Une agence française veut se lancer dans le même système de tourisme équitable que vous utilisez. Vous avez déjà de l'expérience dans des pays francophones comme le Zaïre, le Nigéria et le Cameroun. Le directeur de l'agence française vous rend visite pour discuter des formules possibles.

La tâche: Vous parlez au directeur français et, à partir d'une brochure, vous lui expliquez comment le système marche.

Vous demanderez au début:

>   de quelle région de la France il/elle vient;

>   combien de personnes il envisage dans le groupe.

Au cours de la conversation, vous expliquez:

>   dans quels pays vous avez organisé des voyages;

>   comment le système marche;

>   la durée idéale d'un séjour;

>   pourquoi les prix sont un peu plus élevés que pour d'autres voyages organisés;

>   dans quel sens les clients s'intègrent au pays africain.

À la fin de la conversation:

>   vous essayez de convaincre votre collègue de s'engager dans cette nouvelle formule de tourisme équitable.

Source Material

*Life*time Holidays: *See Africa without being a Tourist!*

*Life*time Holidays offer:

>   a real exchange;

>   experience of African life with local people.

As our client you will be well prepared for your visit. You will understand something of the culture before you fly to your destination.

In a party of 8–10 you will be welcomed by local people. You will not stay in a hotel; instead, you will be lodged with a host family in their home.

A visit generally lasts 2–3 weeks so that there is time to get used to a different way of life.

You will participate in a variety of local activities and events. You will eat local food. You will become part of the local family.

Your hosts in Africa are paid well for their hospitality. There is no exploitation. Prices may be a little higher than for other package holidays, but our prices are fair!

Role-Play: Examiner's instructions

La situation: As indicated on the student's sheet.

La tâche: In response to the student's initial questions, you reply that:

> you work in the region of Paris;

> you envisage parties of about 10–12 people.

During the conversation, you want to find out:

> how the system works;

> why the prices are high;

> how long an ideal visit should last;

> how the tourists can really become integrated in the life of the host country.

At the end of the conversation:

> you express some reservations, but remain open to persuasion.

S.O.S Planète et Le Riche et le Pauvre

PART A: Listening and Writing.

1. Une lettre K7 de Sylvain
Écoutez la dernière K7-lettre que Sylvain vient d'envoyer. L'écologie le préoccupe énormément.

1a. Écoutez la première partie de la cassette et répondez aux questions suivantes en français:

1. Quelle sorte de nourriture mangeons-nous tous les jours sans forcément nous en rendre compte? __

   _____

2. Le blé est-il la céréale la plus modifiée génétiquement? Pourquoi (pas)? _____

   _____

3. Pourquoi est-ce que ça rend Sylvain fou? _____

   _____

4. Qu'est-ce qui terrorise Sylvain? _____

   _____

5. Comment explique-t-il l'apathie des gens? _____

   _____

10 marks

1b. Écoutez la deuxième partie de la cassette et remplissez les blancs dans le transcrit suivant:

Ma dernière _____ écologique, c'est la construction des maisons. On peut faire une maison en

bois et en terre _____. Eh oui, c'est possible! Et c'est complètement biologique. Si on veut, on

peut la faire tomber et l'_____ dans un champs: elle est _____ et ne laisse pas de

pollution.

4 marks

1c. Écoutez la troisième partie de la cassette et indiquez si les phrases sont vraies (V), fausses (F) ou si les informations dont il s'agit ne sont pas mentionnées (?) dans le texte:

1. Sylvain a vu une émission sur les matériaux. _____
2. On a produit beaucoup de ciment depuis la deuxième guerre mondiale. _____
3. C'est un bon matériau. _____
4. Il coûte peu à produire. _____
5. On peut facilement recycler le ciment. _____
6. Le bois et la terre portent bien des qualités. _____

6 marks

PART B: Reading and Writing

L'an dernier, la production globale d'énergie éolienne a augmenté de 31%. Elle devient ainsi l'énergie qui se développe le plus rapidement. Le vent est la méthode de production d'électricité qui revient le moins cher. On produit actuellement dans le monde entier 23 300 mégawatts. Ceux-ci comblent les besoins de 23 millions de personnes. Depuis 1995, la production de charbon a baissé de 9%. Celle d'énergie éolienne a été multipliée par cinq.

L'Allemagne est à la tête de tout le monde dans ce domaine, avec plus de 6000 mégawatts produits chaque année. Les USA viennent ensuite (4150), puis l'Espagne (3300). Les Danois, avec 2500 mégawatts, obtiennent 18% de leur énergie grâce au vent.

L'Angleterre est le pays d'Europe qui offre le plus grand potentiel d'énergie éolienne. Et pourtant, le pays ne produit que 406 mégawatts. Mais de grands changements approchent, puisqu'en avril 2001, le gouvernement a accepté de vendre des bails de côtes maritimes. Cela permettrait de passer à une production de 1500 mégawatts.

La production d'énergie éolienne, même avec des progrès aussi spectaculaires, reste dans les débuts. Il y a, cependant, en Europe, grâce aux technologies modernes, assez de côtes maritimes accessibles pour produire toute l'énergie dont elle a besoin.

1. Lisez le texte et répondez aux questions suivantes en français:

1. Qu'est-ce qui montre que l'énergie éolienne est de plus en plus importante? _____

    _____

2. Qu'est-ce qui explique cette nouvelle expansion de la production d'énergie éolienne? _____

    _____

3. Quelle forme d'énergie est en train de diminuer? _____

    _____

4. Pourquoi est-ce que la production danoise d'énergie éolienne est impressionante? _____

    _____

5. Expliquez la contradiction anglaise! (2) _____

    _____

6. Pourquoi est-ce que la production anglaise est en train d'augmenter? _____

    _____

7. Où est le meilleur endroit pour implanter une base éolienne? _____

    _____

8. L'énergie éolienne est-elle une bonne solution en Europe? Pourquoi? (2) _____

    _____

10 marks

2. Traduisez le premier paragraphe du texte en anglais.

_____

_____

_____

_____

_____

10 marks

PART C: Reading and Speaking

Role-play: Candidate's instructions

You have 15 minutes to read the information in the text below.

The examiner will ask you to explain and comment on this material.

Le vieillissement de la population concerne l'ensemble des pays européens

L'Union européenne est la région du monde qui compte la plus forte proportion de personnes âgées. 15% de ses habitants ont au moins 65 ans, contre 14% au Japon, 13% aux États-Unis, 12% en Australie. Leur part n'est que de 6% en Chine, 5% en Amérique latine, 4% en Amérique centrale et en Inde, 3% en Afrique.

L'âge moyen de la population des pays de l'Union européenne augmente de 2,5 mois chaque année; il a atteint 39,3 ans. Ce vieillissement devrait se poursuivre dans les vingt ans à venir, de sorte que l'âge moyen atteindrait environ 46 ans en 2030. La proportion des moins de trente ans diminuerait, passant de 23% à 19%, tandis que celle des plus de 60 ans augmenterait, passant de 21% à 34%. En Allemagne, les personnes âgées de 65 ans et plus en 2030 devraient représenter 49% de la population, contre 16% en 1960.

Role-play: Examiner's instructions

The following are suggestions for questions which might be asked. The majority of the time should be spent on testing the candidate's understanding of the text, with more general questions towards the end of the discussion.

1. Que remarquez-vous dans l'évolution de la part des personnes âgées?

2. Quel est le pourcentage des plus de 75 ans en France en ce moment, à votre avis?

3. Comment est-ce que vous avez pu calculer cette réponse?

4. Qu'est-ce qui caractérise l'Europe en ce qui concerne l'âge moyen de la population?

5. Dans quel continent y a-t-il le moins de personnes âgées?

6. Pourquoi pensez-vous que ce soit le cas?

7. D'après le texte, l'âge moyen de la population en Europe va-t-il augmenter ou baisser?

8. Qu'est-ce qui influence ces changements?

9. Pourquoi l'auteur fait-il remarquer la situation en Allemagne?

10. Quels problèmes sont posés, d'après vous, par ce vieillissement de la population?

20 marks

PART D: Creative Writing

Choisissez **une** des questions suivantes:

1. Vous voyez un mendiant en ville. Vous décidez de lui donner de l'argent, mais avant vous essayez d'entamer une conversation avec lui. Écrivez, sous forme de dialogue, cette conversation.

Ou

2. Vous travaillez en Grande Bretagne pour un journal français. Vous allez envoyer à votre éditeur un rapport sur un incident sous le gros titre suivant: '32 arrestations à Londres pendant les manifestations anti-mondialisation'.

_____

_____

_____

_____

_____

_____

_____

_____

_____

_____

_____

_____

_____

_____

_____

_____

_____

_____

_____

_____

_____

_____

_____

_____

_____

_____

_____

20 marks

Santé Physique, Santé Morale et La France: Terre d'Accueil

PART A: Speaking – Interpreting

Candidate's instructions

> You have three minutes to look through these instructions and think about them before the test.
> Your grandmother is one of a group of English patients who have gone to France to be treated in a French hospital. She is due to have a hip replacement. You accompany her, as you speak French and are free to go. She meets with the surgeon prior to surgery. The surgeon is going through your grandmother's medical records and requires clarification on some points.
> You are required to interpret consecutively. The interlocutors will pause after each statement to enable you to render what they have said in the appropriate language. You may ask either the surgeon or your grandmother to repeat any statement, but you must address them in the appropriate language.
> Dictionaries may not be used.

Interlocutors' instructions

A is the **French speaker**: B is the **English speaker**

You are required to read the appropriate transcript to the candidate, taking the relevant role. The candidate will interpret consecutively. Pause after each marked section. Give enough time. Pause after each section marked I. Give enough time. The candidate cannot make notes during the test. You can repeat a statement but once only. You can also give an occasional clarification if requested to do so by the candidate.

If it is clear that the candidate cannot remember a section, effect a smooth transition to the next point.

A: Bonjour Madame Sunderland. Je suis le docteur Bari. I Je suis responsable de l'opération de votre hanche lundi prochain

B: Hello, Dr Bari. Thank you very much for agreeing to operate.

A: C'est un plaisir. Je vois dans vos notes que vous souffrez depuis longtemps. I Voulez-vous m'expliquer quand vous avez commencé à avoir des douleurs?

B: Ten years ago I started having pains in my right hip. I I could cope with them then. I The pains grew worse. I decided to do something about it eighteen months ago.

A: Alors, pourquoi êtes-vous ici aujourd'hui?

B: My doctor sent me to a specialist. I saw him seven months later because my case was not urgent. I The consultant said I needed a hip replacement and put me on the waiting list. I I haven't got a date yet.

A: C'est très lent, trop lent. Pendant ce temps, votre hanche continue à se détériorer et cela rend l'opération plus délicate. I Cependant, je vois sur les radios que c'est une opération simple et typique. I Vous arrivez à marcher encore un peu?

B: I can't walk very far. If I want to go into town, I use my wheelchair.

A: La bonne nouvelle, c'est que vous pourrez bientôt marcher de façon confortable. I Vos douleurs vont aussi disparaître. I Vous avez des questions?

B: This is very exciting. I am looking forward to having a life again. I I am only 62 after all. Could you tell me what will happen after the operation?

A: Bien sûr. Les premiers jours vont être douloureux, mais nous contrôlons cette douleur autant que possible avec des médicaments adaptés. I Les infirmières veilleront à ce que vous bougiez votre jambe pour garder les muscles souples. I Vous resterez 10 jours à l'hôpital. Puis deux semaines dans une maison de convalescence. I Vous pourrez ensuite prendre le chemin pour la maison.

B: Thank you very much for your time.

A: À lundi matin. Bon courage!

PART B: Speaking

Candidate's instructions

> You have 15 minutes to read and prepare the following short text.

> The examiner will ask you questions in French which will require you to summarise the content of the article and to express opinions about it.

> You may not use a dictionary.

A commuter's tale

Christine Pickthall

Chairwoman of the Cheshire Disabilities Federation.
Crewe to Euston

When travelling to conferences or work I take the Crewe to London Euston line. There is no such thing as spontaneous travel for a wheelchair user. There is only one wheelchair space per train so you must book. Train heights – even on new coaches – do not match the heights of platforms, so I have to call the station to check they can get me ramps. It is always an ordeal. There is no provision in first class, and you certainly cannot eat in first class. I cannot use my local station because it is unmanned, and I cannot board without a ramp.

On old rolling stock many wheelchair users have to travel in the guard's van – an empty van, often not heated, with metal grids on the windows. I have suffered this indignity twice: I felt like a parcel or a piece of lost luggage. I felt vulnerable – there was no chance to alert any member of the public or even to get a drink.

There is a lack of awareness of passengers' needs. Wheelchair users sometimes get left on trains, or end up in sidings at the end of a journey.

Examiner's instructions

Suggested questions:

1. Quand est-ce que Madame Pickthall doit utiliser le train?

2. Pourquoi cela lui pose-t-il des difficultés?

3. Donnez trois exemples des problèmes qu'elle rencontre dans les trains anglais.

4. Comment s'est-elle sentie dans le compartiment du gardien du train? Pourquoi?

5. D'après vous, que devrait-on faire pour répondre à ces problèmes?

PART C: Reading and Writing

Les tensions internationales sont sans doute responsables de la recrudescence de la xénophobie, qu'elle soit raciale ou religieuse. Chaque pays réagit différemment, mais aucun n'échappe au fléau du racisme.

En Autriche, un autochtone sur trois préfère ne pas avoir de Juif pour voisin. Dans certains quartiers de Vienne, où la population juive dépasse la moyenne nationale, le gouvernement a dû placer des policiers armés pour garder l'ordre et empêcher des actes violents anti-sémites.

En Espagne, on isole certaines minorités ethniques. On fait en sorte qu'ils ne puissent pas s'installer dans certains villages. On se protège, disent les Espagnols, en les empêchant d'habiter là où ils veulent.

D'autres pays sont plus discrets. Mais d'où vient, par exemple, le besoin de créer de plus en plus d'écoles religieuses en Grande Bretagne? Il existe déjà 4 700 écoles de l'église anglicane, mais on en réclame davantage. Est-ce vraiment pour apprendre la foi? Ou est-ce qu'il s'agit plutôt de créer des îlots bien paisibles, loin des problèmes auxquels les autres écoles doivent faire face?

Les Français ne font malheureusement pas exception à ce genre de racisme sournois. En dépit des lois, on pratique l'exclusion dans des domaines vitaux comme l'école et le travail. Des blagues inacceptables sont échangées en permanence.

Le racisme est-il si naturel à l'homme qu'aucun pays ne peut y échapper? Fait-on assez d'efforts pour échanger, jumeler, comprendre, accepter, partager? Le futur n'a pas besoin d'être morose.

1. Pour chaque phrase ci-dessous, indiquez de quel pays il s'agit: l'Autriche (A), l'Espagne (E), la France (F), la Grande Bretagne (GB)

1.	On y échange des plaisanteries qui sont finalement au détriment des étrangers.	
2.	Le racisme se fait sentir particulièrement dans la capitale.	
3.	On se sert des crédos pour créer des divisions au moment de la scolarité.	
4.	Une présence policière est la seule façon d'éviter des désagréments.	
5.	Certains se trouvent exclus lorsqu'ils veulent s'installer – surtout dans les campagnes.	

5 marks

2. **Trouvez dans le texte un seul mot pour exprimer le sens des phrases suivantes:**

1. La crainte de l'étranger. _____

2. L'habitant d'un pays donné. _____

3. Qui dépasse l'échelle nationale. _____

4. Calme et sans problèmes. _____

5. Joindre deux parties semblables. _____

5 marks

3. **Répondez en français aux questions suivantes.**

1. Est-ce que la xénophobie est en train de diminuer selon l'auteur? _____

2. L'auteur est-il en faveur des écoles religieuses à votre avis? _____

3. Pourquoi l'auteur est-il contre certaines 'blagues'? _____

4. Est-ce que l'auteur s'avère entièrement pessimiste? _____

5. Donnez un exemple concret du genre d'échange auquel l'auteur fait référence à la fin de l'article!

_____

10 marks

PART D: Listening

Vous allez entendre une interview avec Augustin, réfugié politique. Il arrive en France du Zaïre où les problèmes politiques sont immenses. Il a accepté de répondre aux questions d'une radio locale.

La conversation est divisée en trois parties.

1. Écoutez la première partie de la conversation et faites un résumé de ce que vous entendez en français. Il faut inclure:

> le statut actuel d'Augustin en France;
> où se trouve Kinshassa;
> ce qui manque dans la situation politique;
> comment le pouvoir est acquis et conservé;
> ce qui arrive aux personnes qui faisaient partie du gouvernement précédent.

_____

_____

_____

_____

_____

_____

5 marks

2. Écoutez la deuxième partie de la conversation. Remplissez les blancs avec les verbes qui correspondent à ce que vous avez entendu. Vous devez conjuguer ces verbes à l'imparfait ou au passé composé.

Augustin _____1_____ responsable d'un groupe politique. Dans le groupe, les gens _____2_____

motiver le peuple en faveur de la démocratie. La démocratie pour eux _____3_____ le peuple et la

liberté. Malheureusement les soldats les _____4_____. Ils les _____5_____ en prison.

Réponses:

1. _____   2. _____   3. _____   4. _____   5. _____

5 marks

3. Écoutez la troisième partie de la conversation et répondez en français aux questions suivantes:

1. Qu'est-ce que les gardes de la prison ont fait un soir? _____

_____

2. Pourquoi le camion allait-il vers la campagne? _____

_____

3. Qui a relâché les prisonnier dans le camion? Pourquoi? _____

_____

4. Où sont-ils allés par la suite? _____

_____

5. De quoi Augustin et ses amis ont-ils eu besoin pour quitter le pays? _____

_____

10 marks

L'état et l'Individu et Mouvements et Tendances

PART A: Reading and Speaking

Candidate's instructions

You have 20 minutes to read the text and prepare the points raised for discussion. You will have to answer questions on the content of the text and to express personal opinions on the issues raised. You may make notes and refer to them during the test.

The use of dictionaries is not permitted.

Si proches, si loin

«Tout est plein en France, tout est clair, on habite un hexagone bien cerné: on sait exactement où finissent nos frontières», raconte Lori, une comédienne française installée au Québec depuis vingt ans. «Ici, la plupart des gens ne savent pas vraiment où s'achève leur pays du nord. Il se perd dans la toundra, le blanc infini. Plusieurs milliers de lacs ne sont pas encore nommés.» La géographie autant que l'histoire compliquent les relations entre Français et Québecois. D'un côté l'esprit de famille, le souci du patrimoine, mais aussi la peur d'oser, la crainte du qu'en-dira-t-on. De l'autre, la liberté de changer, de rêver, l'errance et la difficulté de bâtir. Les Français veulent savoir où ils vont, jusqu'à l'angoisse. Les Québecois s'en moquent jusqu'à l'égarement. On a beaucoup à apprendre les uns des autres. Par chance, on parle la même langue.

Agnès Bozon-Verduraz

Examiner's instructions

Suggested questions:

> Ce texte présente une émission télévisée. De quoi s'agit-il en général?

> Pourquoi tout est-il 'plein' et 'clair' en France?

> Le Québec a-t-il des limites géographiques claires?

> Pouvez-vous expliquer 'la crainte du qu'en-dira-t-on' chez les Français?

> Les Québecois sont à l'opposé. Comment voit-on cela dans le texte?

> L'auteur vous paraît-il tirer une conclusion positive?

> Voyez-vous une situation semblable au sein de la Grande Bretagne?

PART B: Reading and Writing

Un prof dans la cinquantaine nous parle . . .

«Le secret du bonheur, c'est le doute. Il me semble que si l'on garde un esprit qui questionne, qui n'accepte pas directement, alors on peut se sauver.

Des systèmes puissants nous entourent, forgent, moulent dès le primaire. L'éducation, les pressions des copains nous gardent dans une voie bien tracée pendant tout le secondaire et nous arrivons à notre premier emploi avec une liste peu originale de choses à réaliser. J'ai vu au fil des années bien des jeunes se conformer docilement à tous les schémas qui leur étaient offerts. À quinze ans, ils ne rêvaient que d'avoir un gros compte en banque, une grosse voiture . . . Ils étaient déjà éteints. Comme leurs parents d'ailleurs.

Et puis, de temps en temps, une perle: un garçon ou une fille au regard étincellant, bouillonnant de rêves utopiques, d'idées généreuses. Des jeunes passionnés, vivants, qui pensent aux autres, veulent agir; ils semblent prêts à lutter contre la machine. Quel régal!»

1. **Traduisez en anglais le dernier paragraphe: 'Et puis . . . quel régal!'**

_____

_____

_____

_____

8 marks

2. **Répondez en français aux questions suivantes.**

1. Pourquoi le doute est-il le secret du bonheur, d'après l'auteur? _____

_____

2. Quels sont les facteurs principaux moulant le conformisme chez les jeunes? _____

_____

3. Pourquoi l'auteur traite-t-il certains jeunes 'd'éteints'? _____

_____

4. Qu'est-ce qui distingue les jeunes qu'il traite de 'perles'? _____

_____

8 marks

3. **Cochez la réponse qui vous semble la plus proche de l'original.**

1. Pour être heureux, il faut: a. tout rejeter
                                              b. se poser sans cesse des questions
                                              c. s'opposer aux parents

2. L'éducation et les amis   a. nous offrent un bon soutien
                                              b. nous gardent dans une voie préétablie
                                              c. nous mènent à notre premier emploi

3. Les rêves de beaucoup de jeunes montrent a. qu'ils n'ont aucune idée personnelle
                                              b. que leurs parents sont riches
                                              c. que l'argent fait le bonheur

4. Certains jeunes ont, heureusement   a. des ambitions qui coûtent moins cher
                                              b. des rêves moins égoïstes
                                              c. des aptitudes plus pratiques

4 marks

PART C: Reading and Writing

L'énergie de demain

Les combustibles fossiles traditionnels (pétrole, charbon, gaz) pourraient assurer encore longtemps les besoins en énergie. Cependant, ces combustibles 'déterrés' ajoutent sans cesse du CO_2 (dioxyde de carbone) à l'atmosphère, et provoquent ainsi le réchauffement de la planète. Le nucléaire, lui, pose le problème du stockage des déchets. Alors, comment se chauffera-t-on demain?

Il y a de grandes chances que les énergies renouvelables revoient le jour. Nous verrons très bientôt fleurir des éoliennes qui prendront au vent un peu de son énergie pour nous fournir de l'électricité. Les panneaux solaires, sous réserve d'améliorations techniques qui tardent à venir, pourraient aussi se multiplier.

Il paraît clair aujourd'hui que les grosses centrales produisant l'énergie pour toute une région seront détrônées par une multitude d'unités de moyenne capacité à l'échelle d'un village ou d'une ville.

Des procédés nouveaux? La pile à combustible semble le meilleur candidat. Dans ce procédé, l'hydrocarbure (pétrole, gaz, essence) est d'abord converti en di-hydrogène (H_2). Ce di-hydrogène alimente la pile à combustible qui délivre directement l'électricité. Des chaudières domestiques existent déjà, mais il faudra attendre 5, 10, 20 ans pour que le procédé soit rentable.

Des combustibles nouveaux? Il est fort probable que ce soit le bois, les résidus de l'agriculture comme la balle de riz, la bagasse (canne à sucre) ou la paille qui viennent en tête. Cette biomasse a l'énorme avantage d'avoir été formée en fixant les CO_2 dans l'atmosphère. Elle n'en rajoute donc pas, contrairement aux combustibles déterrés.

La voiture de demain? Si, en optimiste, demain est à cinq à trente ans, nos voitures seront électriques, alimentées par une pile à combustible. Le combustible sera l'essence, le fuel, mais aussi peut-être une huile quelconque, et pourquoi pas du bois ou de la biomasse?

1. Dans le tableau ci-dessous, cochez les cases qui correspondent aux définitions. Vous devez cocher dix cases en tout.

	La paille	Le charbon	L'énergie éolienne	Le gaz	Le bois	L'énergie solaire	Le pétrole
Il reste encore de grands stocks à déterrer.							
Ces combustibles fixent le CO_2 au lieu d'en créer.							
Cette énergie dépend des conditions métérologiques							
Ces énergies contribuent au réchauffement de la planète.							

5 marks

2. Trouvez dans le texte le mot qui correspond aux définitions suivantes:

1. Qui a la propriété de brûler. _____
2. L'ensemble de travaux ou dépenses faits sur un bien et lui procurant une plus-value. _____
3. Déposé de la souveraineté ou de la domination. _____
4. Qui est économiquement viable; qui vaut la peine. _____
5. Les tiges d'une céréale quand le grain en a été séparé. _____

15 marks

3. Est-ce qu'il est important de développer de nouvelles formes d'énergie à votre avis? Écrivez 100 mots.

_____

_____

_____

_____

_____

_____

_____

_____

_____

_____

_____

_____

10 marks

PART D: Listening

Bleu ou rose? Alerte aux Bébés!

1. Écoutez les informations et cochez la bonne réponse:

1.	Les nouvelles techniques viennent:	a. de l'Australie.	
		b. du Japon.	
		c. de l'Amérique.	
2.	Selon la loi, ces nouvelles techniques sont autorisées	a. partout en France.	
		b. dans certaines cliniques privées.	
		c. dans les hôpitaux d'état.	
3.	Les nouvelles techniques ont été reçues	a. à bras ouverts.	
		b. de façon mitigée.	
		c. par tout le monde.	
4.	Ce nouveau type de conception est	a. associé à des malformations génétiques.	
		b. sans danger.	
		c. sans conséquences génétiques.	
5.	La journaliste pense que	a. les dangers sont trop grands pour continuer cette recherche.	
		b. donner le choix est une bonne chose pour certaines personnes.	
		c. les malformations ne vont pas disparaître.	

5 marks

2. Répondez aux questions suivantes en français:

1. Pourquoi est-ce que le nombre d'établissements dans lesquels on peut choisir le sexe de son enfant est limité?

_____

_____

2. Jusqu'à quel point peut-on garantir le sexe du bébé à naître dans les cliniques où on utilise les nouvelles techniques?

_____

_____

3. Quels dangers rencontre-t-on principalement dans le processus médical?

_____

_____

4. Dans quels cas la loi permet-elle aux médecins d'intervenir pour influencer le sexe du bébé?

_____

_____

5. Dans sa conclusion, l'auteur est-il pour ou contre la possibilité de choisir le sexe du bébé?

_____

_____

15 marks